"Por vezes, a história de Sansão parece ser apenas a de um homem musculoso e destemperado, uma espécie de versão bíblica de Hércules. Para outros, ela ensina o perigo de ser um mulherengo, que despreza o chamado de Deus. Porém, na pena poética (ou, será que eu deveria dizer 'teclado poético'?) do Reverendo Emílio, essa história revela um Deus que triunfa sobre o mal mesmo por meio de servos quebrados e sombrios como Sansão. O Amor Invencível de Deus faz o mesmo conosco. Tolle lege!"

Heber Campos Júnior,
pastor, autor, Amando a Deus no mundo

"Vivemos em um momento cultural de valorização do super-herói e, ao mesmo tempo, de frustração com representações que não correspondem ao imaginário homérico. Almejamos heróis perfeitos. Desanimamos, pois cada calcanhar confessa: 'o traje do Super-Homem não serve para mim'. Diante da nossa realidade quebrada, Emilio Garofalo Neto nos aponta para a força de um Capitão da Salvação maior do que Sansão, alguém que derruba colunas de um templo, mas também as do nosso coração."

Vinicius Musselman Pimentel,
presbítero, Igreja Batista da Graça
em São José dos Campos, SP

Emilio Garofalo Neto

Sansão e o Amor Invencível

A vitória de Deus por meio de heróis quebrados

Dados Internacionais de Catalogação na Publicação (CIP)
(eDOC BRASIL, Belo Horizonte/MG)

G237s   Garofalo Neto, Emilio.
    Sansão e o amor invencível: a vitória de Deus por meio de heróis quebrados / Emilio Garofalo Neto. – São José dos Campos, SP: Fiel, 2022.
    136 p. : 14 x 21 cm

    ISBN 978-65-5723-233-0

    1. Sansão (Juiz da Bíblia). 2. Bíblia. A.T. Juízes – Crítica e interpretação. 3. Antropologia teológica. I. Título.

CDD 223.32

Elaborado por Maurício Amormino Júnior – CRB6/2422

SANSÃO E O AMOR INVENCÍVEL:
a vitória de Deus por meio
de heróis quebrados

Copyright © 2022 por Emilio Garofalo Neto

∎

Copyright © 2022 Editora Fiel

Primeira edição em português: 2023

Todos os direitos em língua portuguesa reservados por Editora Fiel da Missão Evangélica Literária

Proibida a reprodução deste livro por quaisquer meios sem a permissão escrita dos editores, salvo em breves citações, com indicação da fonte.

∎

Diretor: Tiago J. Santos Filho
Editor-chefe: Vinícius Musselman
Editora: Renata do Espírito Santo
Coordenação Editorial: Gisele Lemes
Revisão: Shirley Lima
Diagramação: Rubner Durais
Capa: Rubner Durais
ISBN brochura: 978-65-5723-233-0
ISBN e-book: 978-65-5723-234-7

Caixa Postal 1601
CEP: 12230-971
São José dos Campos, SP
PABX: (12) 3919-9999
www.editorafiel.com.br

SUMÁRIO

Introdução   7
Agradecimentos   13
Dedicatória   15

Juízes 13
Non ducor duco
Não sou conduzido; conduzo   17

Juízes 14
In vino veritas
No vinho está a verdade   39

Juízes 15
Se vis pace para bellum
Se queres paz, prepara-te para a guerra   63

Juízes 16.1-22
Dum spiro spero
Enquanto respiro, tenho esperança   87

Juízes 16.23-31
Amor vincit omnia
O amor vence tudo   111

INTRODUÇÃO

Este livro aborda o problema do mal. Calma. Não o problema de como compreender ou explicar a existência do mal, mas o problema que o mal tem de enfrentar. E qual é o problema do mal? O fato de ter o Senhor Deus como seu adversário. Neste livro, veremos como Deus vence o mal. Obviamente, esse é um tema bastante amplo e que pode ser examinado por vários ângulos.

Vamos apresentar a história de um homem, Sansão, e ver o amor invencível de Deus vencendo o mal ao libertar seu povo da servidão, ainda que esse povo não merecesse, mesmo sendo como gente morta em seus delitos e idolatrias. O fato é que Deus pode, livremente, utilizar-se de circunstâncias inesperadas, de gente quebrada e até mesmo do mal — tudo isso para vencer... o mal. E ele ainda conquista o coração daqueles que são seus, vencendo o próprio mal que habita o íntimo dessas pessoas. Deus é impressionante em sua providência.

Este livro é mais um fruto das minhas séries de pregações expositivas na Igreja Presbiteriana Semear. Nos anos de 2019 e 2020, preguei, sequencialmente, o livro inteiro de Juízes. Não o fiz sozinho; fui acompanhado pelos pastores Daniel Piva e Tarcizio Carvalho. Obrigado, irmãos, a *expertise* de ambos no hebraico me salvou. Vale ainda destacar que a oportunidade de pregar o sermão final da série na Igreja Batista da Palavra, em São Paulo, muito me encorajou a escrever. Agradeço ao meu Jonas favorito pelo convite, pela amizade e pelo incentivo.

Para mim, por várias razões, revelou-se surpreendente pregar essa série expositiva, principalmente porque há muito a ser explorado nas diversas histórias do livro de Juízes. Sim, todo mundo se lembra de algo sobre Gideão, talvez sobre Débora e da cena dos cabelos cortados de Sansão. O livro, porém, tem uma riqueza bíblico-teológica maravilhosa, a qual, sem dúvida, é subestimada. Outra surpresa foi constatar que personagens que, em geral, são celebrados por sua fé, como Gideão, têm histórias mais obscuras e complexas. Da mesma forma que, obviamente, ocorre na vida real. Todos nós, meros humanos, somos meio obscuros. Se você não percebe as sombras nas pessoas a quem admira, provavelmente é porque não as conhece suficientemente bem.

A história do sangrento período dos Juízes — um dos piores períodos da história do povo de Deus, com muita confusão, pecado nacional, violência extrema e infidelidade pactual — traz em seu bojo homens e mulheres fascinantes. Mas também é um tempo de grandes glórias e conquistas por parte do povo do Senhor. Baraque, Eúde, Gideão, Débora, Jael, Jefté e tantos outros se misturam num longo relato em que fica claro que, se não for o Senhor Deus agindo constantemente em prol de seu povo, o caminho da apostasia será o nosso fim. Deus não nos salva para, depois, nos abandonar à própria sorte. Deus não coloca Israel em Canaã e, em seguida, o deixa caminhar sozinho. Se não for o Senhor ao nosso lado, durante todo o tempo, livrando--nos de nós mesmos, o caminho a trilhar irá de mal a pior.

Decidi selecionar apenas o trecho que diz respeito à história de Sansão e transformá-lo em livro (capítulos 13–16). Talvez, um dia, outras partes da série também passem por esse mesmo processo. Mas, em primeiro lugar, é preciso fazer uma breve recapitulação, pois, antes de chegarmos a Sansão, muita coisa se passa.

O livro tem início com a morte do grande Josué, que havia substituído Moisés como líder na conquista da terra prometida. Logo no início, têm lugar alguns avanços militares importantes, mas também, já no primeiro capítulo, vem a triste notícia de que Israel não cumpriu plenamente o ordenado pelo Senhor, de modo que diversas regiões ficaram por conquistar (1.27-36). Começam, então, diversos ciclos em que Israel é influenciado e/ou dominado pelos povos pagãos ao seu redor e em seu meio. Na sequência, Otniel livra Israel de Cusã-Risataim e, após, Eúde liberta o povo da servidão a Eglom, o enorme rei dos moabitas.[1] Algum tempo depois, mais uma vez, Israel se rebela e, então, a servidão vem debaixo de Jabim, um rei cananeu que tinha sob suas ordens um comandante perverso chamado Sísera — mas

---

1 Essa história é repulsiva. As crianças, contudo, com os olhos arregalados, amaram ouvir esse sermão.

essa é outra história, e tais atrocidades ficam para outro livro. O Senhor Deus, então, valeu-se de Débora e de Baraque para livrar seu povo, além da grandiosa Jael e de sua estaca. Jael ganhou até homenagem no cântico de Débora: "Bendita seja sobre as mulheres Jael"! (5.24).[2]

Depois disso, vem o que talvez seja o período mais famoso do livro de Juízes, quando os midianitas oprimem Israel e o Senhor levanta Gideão para um grande livramento. Mas Gideão, como bem deve lembrar o leitor, não termina muito bem. Na verdade, ele nem mesmo começa muito bem nessa história. Mas esse, a exemplo do caso de Sísera, é assunto para outro livro.

Seguem-se vários outros episódios, como as estranhas peripécias de Abimeleque, a conspiração de Gaal e o triste final de tudo isso. Há uma rápida referência a Jair e Tola, dois juízes sobre os quais sabemos muito pouco, e então vem a misteriosa situação de Jefté, além de mais três juízes sobre os quais também dispomos de parcas informações: Ibsã, Elom e Abdom. E, então, chegamos ao ponto de nosso livro, com o nascimento de Sansão.

A história de Sansão é fascinante, além de ser uma das mais conhecidas do livro de Juízes. Ao longo dos séculos, seus feitos inspiraram muitos artistas, como Michelangelo e Rubens, entre outros — artistas que fizeram esculturas e pinturas sobre vários momentos de sua vida. Milton é autor de um poema alegórico intitulado "Samson Agonistes"

---

[2] As discussões sobre feminilidade bíblica têm de passar mais por Jael, por suas características de coragem, defesa pessoal e santa sagacidade para vencer o mal.

[Sansão Agonista].³ Também há muitas referências a Sansão em filmes, na literatura em geral e em quadrinhos. Em geral, fala-se muito de sua força descomunal e de sua suscetibilidade em se enamorar das mulheres. Sim, esses elementos estão presentes em sua história, mas há muito mais a ser lembrado.

Vejamos se Sansão é capaz de nos ajudar a aprender mais sobre Deus e sobre nós mesmos, o que, como diria Calvino, é um belo resumo de sabedoria.

---

3 Webb, Barry G. *The Book of Judges* (Eerdmans, 2012), p. 416. Ele elenca diversas obras que remetem a Sansão. Buscas simples on-line apresentarão você a diversos desses livros.

AGRADECIMENTOS

Agradeço ao Tiago Santos, editor-chefe da Editora Fiel, que topou o projeto sem nem mesmo saber direito o que eu faria com ele. Espero que tenha ficado a contento, *Jim Joe Saints*!

A toda a equipe da Fiel, que habilmente cuida de tudo com tanto amor e tanta excelência.

A Anelise e Débora Garofalo, que sempre acabam tendo menos de mim para que vocês, leitores, possam ter mais.

Às minhas ovelhas, por suportarem este não tão jovem pastor todo domingo.

Ao Jonas Madureira, por me incentivar. Aos presbíteros Flávio, Joldes, Mortoza, Mansano, Aldegas e Lopes, por seu carinho frequente e infalível.

Aos diáconos da Igreja Presbiteriana Semear, por sempre terem um olho atento para cuidar de mim e do rebanho. Vocês me ajudam demais na tarefa que nos foi confiada.

À Ana Paula Nunes, que muito me ajudou, mais do que ela pode imaginar. Obrigado, *lil sis*, seus *insights* literários são valiosos.

Ao Tarcizio e ao Piva, que dividiram comigo as pregações em Juízes. Se bem me lembro, deixei os trechos mais difíceis para vocês!

Ao Marcel Argolo, que me auxilia carregando as cargas do pastoreio.

Non videmus manticae quod in tergo est!
[Não podemos ver a carga que carregamos nas costas!]

DEDICATÓRIA

Nos anos 80, em algum dia obscurecido pela memória quarentona, houve uma espécie de desfile de fantasias na igreja em que cresci. Não me lembro do contexto em si, talvez alguma atividade do ministério infantil projetada para os pais fazerem fotos com seus filmes de 36 poses ou filmarem com suas enormes filmadoras VHS. Mas me lembro bem que a criançada se vestiu de personagens bíblicos. Eu me vesti de José do Egito. Que linho fino! Que coroa! E meu irmão, Tércio, foi escalado para ser Sansão. Ele entrou com uma roupa estampada de oncinha, sem camisa e com um ombro de fora, ao estilo "homem das cavernas". Na época, Tércio tinha uns 7 ou 8 anos, mas era um menino parrudo. Foi épico. O povo vibrou muito.

    Este livro é dedicado ao meu Sansão. Tecão, que já sangrou por mim, por todos os seus e pelo Senhor, e que fará isso vez após vez, sempre que for necessário. Um homem que luta contra o mal. Estou certo de que, mesmo que eu esqueça qual é a luta, você, gentilmente, me fará lembrar — e com a vantagem de que você é bem menos tolo do que Sansão!

Per angusta ad augusta!
[Às coisas excelentes, pelos caminhos estreitos]

JUÍZES 13
NON DUCOR DUCO
NÃO SOU CONDUZIDO; CONDUZO[1]

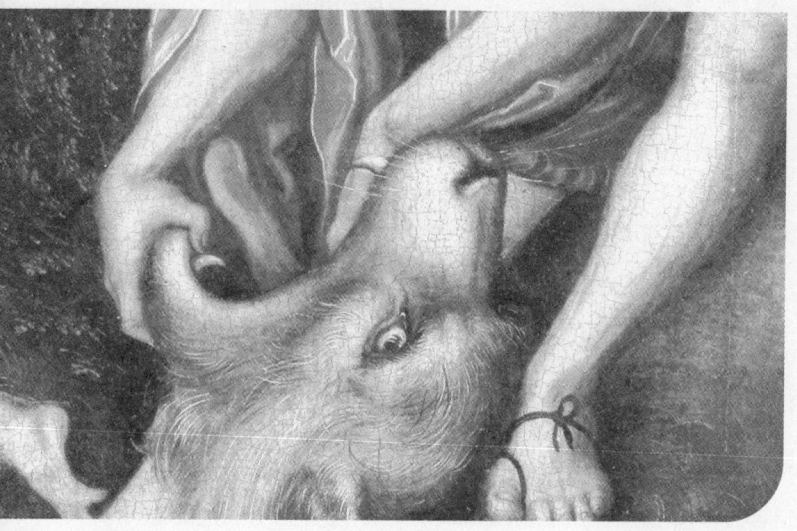

"*É certo que milagre pode até existir*

Mas você não vai querer usar.

Toda cura para todo o mal

Está no Hipoglós, no Merthiolate, Sonrisal."

(*Uh Uh Uh, Lá Lá Lá, Ié Ié*, canção do Pato Fu)

"*Deus é a salvação, o mal não irá triunfar.*"

(*Nosso Rei*, canção do Projeto Sola)

---

1 Esse é também o lema inscrito na bandeira de meu estado natal, São Paulo.

MAIS UM BEBÊ!

Histórias de chegadas de bebês mobilizam o coração das pessoas. Nascimentos, adoções, gêmeos-surpresa, partos complicados, circunstâncias misteriosas, tragédias... Sim, até mesmo as histórias comuns, sem nada de mais, a não ser o fato de que antes não havia um ser humano ali, passam a ser importantes. O bebê estava, já por muitas semanas,[2] no ventre de uma mulher e agora está vendo o mundo e sendo visto por ele. Sim, o nascimento é algo fabuloso e maravilhoso. Uma obra realizada por Deus por intermédio de meros humanos.

Os nascimentos considerados "comuns" já chamam a atenção. Quando nasce um bebê, as perguntas são muitas! Como está de saúde? E o peso e o tamanho? Na condição de pastor, tenho o privilégio de receber, de pronto, notícias, fotos e detalhes do nascimento de bebês entre os membros da igreja. Mas confesso que não sou bom em repassar ou mesmo em investigar os detalhes. Quero saber apenas o nome e se estão todos bem! E como é bom ver o pessoal dizendo que é a "cara da mãe"! Ou, então, que "o nariz é do pai"![3] E o humor (bom ou mau) quando está com fome é igualzinho ao da mãe![4]

Sim, nascimentos normais e corriqueiros já são, em si, curiosos e atraem nossa atenção. O que dizer, então, de alguns nascimentos extraordinários! Pois, quando algo

---

2 Aliás, um dos sinais de que você está se tornando adulto é quando você descobre que a gravidez se conta em semanas, e não em meses.
3 Com frequência, essas observações são prematuras e baseadas mais no anseio de notar algo antes de todo mundo do que numa apuração real dos fatos.
4 Use essa por sua conta e risco, caro leitor.

diferente ocorre, todo mundo fica de olho. Por exemplo, são muitas as histórias de roubos de bebês dentro de maternidades. E isso, a toda prova, é algo que tira o sono de muita gente, pois já ocorreu em um número alarmante de vezes. Também há aquelas histórias de gestação que fascinam e até mesmo enganam muitas pessoas. Você se lembra da "grávida de Taubaté"? Em 2012, uma mulher em Taubaté, São Paulo, estava, supostamente, grávida de quadrigêmeos. Mas sua barriga parecia uma lua. Ela foi a programas televisivos na Rede Bandeirantes, na Record... E muitos se preocuparam com o aspecto financeiro da situação. Afinal, imagine alimentar, vestir e cuidar de quatro recém-nascidos! Houve, então, doações de roupas e muito mais. Mas, com o tempo, surgiu certa desconfiança, pois a mulher não permitia que ninguém tocasse ou visse sua barriga. Foi o programa *Domingo Espetacular* que descobriu a farsa. A tal mulher apresentava um exame de ultrassonografia de outra mulher e ela mesma não estava grávida! Tudo não passava de um golpe. Na época, todo esse imbróglio virou até fantasia de carnaval e, hoje, pode-se dizer que ainda é uma imagem folclórica.

São muitas as histórias de nascimento que povoam o imaginário popular a partir de obras de ficção, tanto na literatura como nas películas em geral. Em minha juventude, um filme marcante foi *Filhos da esperança*, dirigido por Alfonso Cuarón, uma obra primorosa de ficção científica que aludia a um tempo em que a humanidade inteira deixara de ter filhos. Um fenômeno não explicado que, naturalmente, resultaria na extinção da raça humana. Então, o roteiro mostra uma mulher que engravida e toda a trama passa a girar em torno das incríveis consequências desse fato outrora tão corriqueiro.[5]

O ponto principal é que nutrimos um autêntico fascínio por histórias de gravidez e nascimento, pois Deus nos fez assim. De fato, gravidez e nascimento são coisas espetaculares. É a nossa cultura perversa que tenta diminuir esse grau de importância. Histórias de gravidez sempre nos interessaram, e a Bíblia traz diversas delas, sendo algumas bem extraordinárias. Aliás, você já parou para pensar que ninguém nunca nasceu de parto natural? Todos os nascimentos humanos se deram pós-queda, com dores multiplicadas. Nenhuma mulher jamais experimentou um parto como teria sido de fato "natural". Todas tiveram filhos num mundo quebrado e não mais natural.

O Natal, a mais celebrada das festas cristãs, é uma época em que voltamos a atenção para um nascimento específico, o mais especial deles: o de Jesus Cristo. Trata-se, portanto, de um tempo singular para a reflexão e para o compartilhar as boas-novas de Cristo. Mas a Bíblia também registra outros nascimentos interessantes e bem importantes. Neste livro, vamos considerar um deles. E convido você, leitor, a ter em mente como Deus sempre

---

[5] Como deve ter sido para Eva? Nunca ninguém havia experimentado gravidez antes. Talvez ela tenha observado a barriga de animais diversos crescendo e isso tenha diminuído a estranheza do que se passava com ela mesma. Que tipo de comida Adão teve de sair para buscar de madrugada?

cuida de seu povo sem que esse povo o faça por merecer. Deus até mesmo, graciosamente, enviou um Salvador para resgatar seu povo.

DEUS, MISERICORDIOSAMENTE, ENVIA UM REDENTOR

Vamos ler o começo do capítulo 13 do livro de Juízes.

> Tendo os filhos de Israel tornado a fazer o que era mau perante o SENHOR, este os entregou nas mãos dos filisteus por quarenta anos. Havia um homem de Zorá, da linhagem de Dã, chamado Manoá, cuja mulher era estéril e não tinha filhos. Apareceu o Anjo do SENHOR a esta mulher e lhe disse: Eis que és estéril e nunca tiveste filho; porém conceberás e darás à luz um filho. Agora, pois, guarda-te, não bebas vinho ou bebida forte, nem comas coisa imunda; porque eis que tu conceberás e darás à luz um filho sobre cuja cabeça não passará navalha; porquanto o menino será nazireu consagrado a Deus desde o ventre de sua mãe; e ele começará a livrar a Israel do poder dos filisteus. Então, a mulher foi a seu marido e lhe disse: Um homem de Deus veio a mim; sua aparência era semelhante à de um anjo de Deus, tremenda; não lhe perguntei donde era, nem ele me disse o seu nome. Porém me disse: Eis que tu conceberás e darás à luz um filho; agora, pois, não bebas vinho, nem bebida forte, nem comas coisa imunda; porque o menino será nazireu consagrado a Deus, desde o ventre materno até ao dia de sua morte. (Jz 13.1-7)

Aqui está o complexo, belo, difícil e subutilizado livro de Juízes. Esse é um livro que fala sobre o povo de Deus após a conquista de Canaã e antes do período dos Reis, que tem início em 1 Samuel. Juízes traz consigo ciclos que se repetem mais ou menos da mesma forma, como já assinalado no Prefácio. O povo de Deus foge do caminho do Senhor e vai atrás de outros deuses. Em seguida, o povo sempre clama ao Senhor por socorro, e Deus, graciosamente, levanta um juiz para livrar a todos. Então, tudo fica bem por um tempo. Infelizmente, pouco depois, Israel retorna ao seu antigo flerte com os deuses pagãos e a escravidão espiritual, o que acaba por levar o povo a um tipo de escravidão física.

Deus vinha levantando juízes para cuidar de Israel, para salvá-los de seus inimigos e — o que talvez fosse a mais difícil de todas as tarefas — libertar Israel de si mesmo. Nos ciclos anteriores, a Bíblia fala de um homem chamado Jefté, uma figura bastante controvertida e cuja história traz muita dificuldade de interpretação.[6] Na sequência, o texto passa rapidamente por três juízes acerca de quem sabemos muito pouco: Ibsa, Elom e Abdom. E o tempo passa. Morreram os juízes... e o que você acha que o povo de Israel foi fazer com seu tempo livre? Idolatria, é claro, o seu passatempo favorito. Afinal, o povo do Senhor é como um monte de crianças que não podem ser deixadas sem a supervisão de um adulto

---

6 A grande questão é saber o que exatamente ele fez com sua filha. Ver, por exemplo, a discussão de Miles Van Pelt "Repensando o voto insensato de Jefté". Disponível em https://coalizaopeloevangelho.org/article/repensando-o-insensato-voto-de-jefte/.

ou como ovelhas que se envolvem com lobos e abismos sem alguém por perto para ajudar.

O texto nos diz que os filhos de Israel voltaram a fazer o que era mau perante o Senhor. E ele, então, os entregou nas mãos de mais um grupo de inimigos — dessa vez, não foram os amonitas ou os midianitas, mas os filisteus, um dos chamados "povos do mar", antigos inimigos de Israel que, ao longo da história bíblica, dão muito trabalho ao povo do Senhor. E sabe, leitor, quanto tempo de opressão? Quarenta anos, o que não é pouco tempo, nem pouca coisa. É pouco menos que a minha idade e eu fico pensando que é como se eu tivesse nascido no primeiro ano do jugo filisteu e tudo que eu vivi — absolutamente tudo — tivesse sido debaixo do jugo filisteu. Como Robert Chisholm bem lembra, *esse é o maior tempo de opressão estrangeira registrado no livro de Juízes*.[7]

O povo faz o que não é bom aos olhos do Senhor, mas não perante os seus próprios olhos. Essa verdade é um triste refrão que aparece ao longo do livro. É sempre assim que a igreja apronta: com muita frequência, vamos atrás de ações que são más aos olhos de Deus, mas que se mostram agradáveis aos nossos próprios olhos. E isso tudo debaixo do seguinte argumento: se faz você feliz, não pode ser errado e coisa e tal. Israel era como aquele grupo de amigos em que um reforça o que há de pior no outro.

---

7 Chisholm Jr., Robert, *Juízes* (Ed. Cultura Cristã, 2017), p. 325.

Vemos, então, o Israel se rebelando contra Deus e, mais uma vez, em apuros. Então, a história nos mostra o nascimento de um salvador, levando-nos a uma tribo que ainda não havia aparecido muito na história da redenção. Mesmo no livro de Juízes, o foco passa por algumas das tribos de Israel, mas raramente se fala da tribo de Dã, onde há, especificamente, um homem de Zorá[8] chamado Manoá. E ele era casado e sua mulher era estéril.

Esterilidade é um tema dolorido e complicado em qualquer era. Na antiguidade, na contemporaneidade, em qualquer tempo, não poder ter filhos é algo bastante doloroso para os que desejam ter sua prole. Mas, naquele tempo, havia algo mais: uma espécie de vergonha cultural muito intensa, pois o valor da mulher, em grande parte, estava associado à procriação. E a mulher de Manoá não podia ter filhos.

UMA TEOFANIA MARAVILHOSA

O que acontece na sequência? Alguém sobrenatural vem visitar essa mulher, tal como aconteceria, muitos séculos depois, com a jovem Maria, outra mulher que não podia ter filhos — embora, em seu caso, isso decorresse de sua condição de mulher virgem.

O Anjo do Senhor aparece a essa mulher e diz que ela vai conceber, e ter um filho. Nas Escrituras, a expressão "Anjo do Senhor" costuma referir-se não a um ser angelical

---

8 Uma cidade de pequena relevância, listada inicialmente como uma cidade de Dã e, mais tarde, como uma de Judá. Para mais detalhes, veja Webb, *The Book of Judges*, p. 350.

como Gabriel, que visitou Maria e José, mas a uma teofania,[9] uma manifestação visível do próprio Deus. E ele nos ensina que Deus vai fazer o bem por meio de um nascimento. Esse é o padrão do Deus bom. Na estranha história de Jefté, vemos uma reversão da verdadeira devoção. Gosto muito da forma como Robert Chisholm expõe a questão:

> O anúncio do Senhor, de que ele faria com que uma mulher infértil desse à luz, é significativo também à luz da narrativa de Jefté. O último ato de adoração antes disso fora o sacrifício da filha por Jefté, decorrente de uma devoção equivocada ao Senhor. Aqui, o Senhor corrige essa visão defeituosa, em uma demonstração de seu desejo de dar filhos ao seu povo, e não de tirá-los dele. Ele se alegra em transformar uma mulher infértil em mãe, e não em ver adoradores que tiram filhos de suas mães.[10]

É claro que, ainda que Jefté não tenha sacrificado literalmente sua filha, o princípio exposto por Chisholm subsiste. As exigências que Deus nos faz são sempre, em última instância, para nosso bem.[11] É o coração paganizado que interpreta as exigências do Senhor como algo perverso e destrutivo.

---

9 Em livros de teologia sistemática, há boas discussões sobre o assunto. Para um tratamento excelente sobre as teofanias, veja o livro de Vern S. Poythress intitulado *Theophany: a Biblical theology of God´s appearing* (Crossway, 2018). Nas páginas 68 e 69, ele discute especificamente essa teofania por ocasião do nascimento de Sansão.
10 Chisholm, *Juízes*, p. 326.
11 Em *Perelandra*, C. S. Lewis traz uma instigante discussão acerca dos objetivos divinos para com a provação que nos deu antes da queda. Recomendo! C.S. Lewis, *Perelandra* (São Paulo: Thomas Nelson Brasil, 2019).

Voltemos aos fatos. O Anjo do Senhor veio e lhe deu essa boa-nova, de que ela engravidaria, e de que seu filho seria o instrumento de Deus para começar a libertar seu povo. Por que Deus fez isso? Por que sua intenção de enviar um resgatador para Israel? Por causa de sua graça. Dale Ralph Davis bem observa[12] que não há arrependimento ou pedido de perdão por parte do povo: eles não abandonaram seus ídolos, nem se arrependeram de seus maus caminhos. No entanto, mesmo assim, Deus se move na direção deles. Deus é o iniciador do processo de salvação. Ou, como diz Chisholm, "a omissão de qualquer um ao clamor de Israel prepara o palco para a história a seguir, que conta como Deus começou a libertar um povo que não buscava a libertação por meio de um libertador que não se via como tal".[13]

Barry Webb, igualmente, assinala:

> De acordo com o padrão recorrente dos principais episódios desta seção do livro, o que é esperado neste ponto é um clamor a Iavé por ajuda. Mas dessa vez não há tal clamor. Na época do nascimento de Sansão, o domínio filisteu sobre Israel é tão completo, e a disposição de ânimo de Israel tão baixa, que até mesmo a esperança de que Iavé poderia salvá-los estava extinta. Não há força nem para clamar.[14]

---

12 Davis, Dale Ralph, *Judges: Such a great salvation* (Christian Focus, 2006), p. 158.
13 Chisholm, *Juízes*, p. 325.
14 Webb, *The Book of Judges*, p. 350.

Israel está em péssimo estado espiritual. Talvez seja aquele ponto em que atingimos a escuridão do pecado e nem mais pensamos em pedir socorro. Aliás, como bem observa Robert Chisholm, nem mesmo a mulher menciona a Manoá o detalhe de que o filho libertaria Israel![15] Isso deveria estar no cerne de sua notícia ao marido, mas foi ignorado.

Mas Deus é nosso cuidador até mesmo quando não reconhecemos que precisamos de cuidado. Ele não depende de nossa percepção de perigo para nos livrar da morte. Ele age de forma graciosa. Deus sempre está agindo em prol do seu povo, pois seu amor é invencível. E, naqueles dias, quando a gestação foi anunciada, as pessoas não tinham ideia do que Deus estava fazendo, pois, ainda sob o jugo dos filisteus, havia uma mulher grávida que era o próprio plano divino para libertar aquele povo.

Algo muito semelhante ocorreu no nascimento de Jesus, o Salvador. O mundo andava em trevas, mas o Espírito Santo de Deus agia em Maria para a salvação de um povo inumerável. O Natal é a grande prova de que não somos capazes de salvar a nós mesmos, ou seja, de que necessitamos de ajuda externa e de que, na opressão que sofremos e na escravidão que experimentamos — muito mais séria do que a subjugação aos filisteus —, precisamos que Deus intervenha. E ele interveio. O nascimento de Jesus Cristo é Deus

---

15 Chisholm, *Juízes*, p. 328. Seria essa apenas uma omissão por parte do narrador, e não por parte dela? Chisholm, mais uma vez, nota que, se fosse esse o caso, não faria sentido algum a pergunta de Manoá sobre o que seu filho faria (v. 12). Ver Chisholm, *Juízes*, p. 330. É, leitor, é bem possível ouvir algo maravilhoso e concentrar-se totalmente nos detalhes que não são importantes.

intervindo na história, o que se revela ainda mais especial do que o nascimento do filho de Manoá e de sua mulher. Deus sempre está agindo além do que vemos. Ainda levaria anos para aquele filho crescer e agir, mas, sem dúvida, já era Deus agindo.

O nascimento de um Messias já fora algo prometido desde o Jardim, quando Deus disse que um descendente da mulher esmagaria a cabeça da serpente (Gn 3.15). Depois, ao longo da história, Deus foi revelando cada vez mais sobre esse plano. E o nascimento de Cristo é ainda mais surpreendente que o de Isaque, Samuel ou Sansão. Não se tratava de uma mulher estéril concebendo, mas, sim, de uma virgem! Pelo poder de Deus, isso se tornou possível e foi maravilhoso. Deus envia o Salvador a seu povo porque é gracioso, e não por merecermos, pois seu amor pactual não pode ser vencido.

UM NAZIREU

Aliás, é preciso compreender melhor esse detalhe de Sansão ser um nazireu. O que significa ser um nazireu?

Vemos no texto que o Anjo do Senhor impôs algumas restrições sobre como a mulher de Manoá deveria portar-se, dando também algumas pistas de como seria o filho. Desde logo, ela não poderia beber vinho ou bebida forte ou comer algo imundo. Por que isso? Porque o menino seria nazireu. Encontramos instruções a esse respeito em Números 6.1-21. Basicamente, a ideia é que alguém, homem ou mulher, poderia consagrar-se ao serviço do Senhor de uma forma específica, por meio desse voto. Essa pessoa passaria a sofrer algumas restrições que a distinguiriam de outras do povo de Deus: impedimento de consumir bebida forte, não passar navalha no cabelo e não tocar em cadáveres. Tudo isso durante o tempo em que se propôs a isso, pois o voto, em geral, tinha um tempo predeterminado.[16] Assim, no final do período, a pessoa ofereceria um sacrifício a Deus, rasparia o cabelo e voltaria ao estilo normal de vida.

No entanto, no caso de Sansão, o voto duraria a vida toda, do ventre materno à morte. Seria, portanto, uma vida totalmente consagrada ao serviço do Senhor, com restrições incomuns, coisas que não se aplicavam ao povo do Senhor em geral. De forma curiosa, esse voto deveria ser voluntário. No caso de Sansão, porém, a situação é singular: ele não está tomando esse voto por vontade própria; essa condição lhe é imposta desde o nascimento. Ele seria um salvador para Israel, ainda que não fosse aquele que completaria a obra. Sansão fora escolhido pela providência divina.

Então, indagamos: Será que esse menino vai viver perfeitamente os termos da lei que está sobre ele? Ainda nos encontramos no início da história de Sansão, mas creio que você, leitor, já sabe muito bem que todos pecam e carecem da glória de Deus, até mesmo os heróis da Bíblia. Leia com atenção e você vai encontrar falhas. E, se não as notarmos,

---

16 Não sabemos tanto sobre os nazireus quanto gostaríamos! Há, entre os comentaristas, alguma discussão a respeito da proibição de tocar em cadáveres referir-se apenas a cadáveres humanos ou se incluiria animais. O que, é claro, seria algo importante aqui mesmo nessa história.

é apenas porque aprouve ao Espírito Santo deixar parte da história fora do registro inspirado.

Jesus Cristo também foi separado desde o ventre para cumprir uma missão. Em verdade, ele foi eleito para isso antes de o mundo ser mundo, antes do "haja luz".[17] E ele veio para viver de forma perfeita. Jesus não veio apenas para morrer, um dia, na cruz; ele veio para ter uma vida perfeita, em obediência não a Números 6, mas a toda a lei do Senhor, exibindo sua fidelidade em cada detalhe da lei. Pois Deus, misericordiosa e graciosamente, nos deu um Salvador. Jesus cumpriu toda a lei. A propósito, pense comigo: se Jesus tivesse vindo apenas para morrer por seu povo, por que não permitir que Herodes o capturasse ainda na infância e o matasse? Obviamente, Jesus não veio apenas para morrer. Como cumpridor da lei, como alguém que enfrentaria o mal e como o profeta que ensina a palavra de Deus, ele tinha uma obra extensa a realizar. E ele, de fato, fez tudo isso à perfeição.

O SENHOR AGE MARAVILHOSAMENTE POR MEIO DO REDENTOR

Vamos prosseguir com a leitura do livro bíblico?

> Então, Manoá orou ao Senhor e disse: Ah! Senhor meu, rogo-te que o homem de Deus que enviaste venha outra

---

17 Há diversos textos bíblicos que apontam para o plano de salvação em Cristo como um plano feito desde a eternidade. Por exemplo, veja Efésios 1.4, 7-11; 3.8-11; 2Timóteo 1.9; 1Pedro 1.19-20; Apocalipse 13.8; 17.8; Hebreus 13.20; Tito 1.2. Qualquer boa teologia sistemática de linha reformada contém uma discussão sobre o assunto. Procure por "Pacto de Redenção".

vez e nos ensine o que devemos fazer ao menino que há de nascer. Deus ouviu a voz de Manoá, e o Anjo de Deus veio outra vez à mulher, quando esta se achava assentada no campo; porém não estava com ela seu marido, Manoá. Apressou-se, pois, a mulher, e, correndo, noticiou-o a seu marido, e lhe disse: Eis que me apareceu aquele homem que viera a mim no outro dia. Então, se levantou Manoá, e seguiu a sua mulher, e, tendo chegado ao homem, lhe disse: És tu o que falaste a esta mulher? Ele respondeu: Eu sou. Então, disse Manoá: Quando se cumprirem as tuas palavras, qual será o modo de viver do menino e o seu serviço? Respondeu-lhe o Anjo do Senhor: Guarde-se a mulher de tudo quanto eu lhe disse.

De tudo quanto procede da videira não comerá, nem vinho nem bebida forte beberá, nem coisa imunda comerá; tudo quanto lhe tenho ordenado guardará. Então, Manoá disse ao Anjo do Senhor: Permite-nos deter-te, e te prepararemos um cabrito. Porém o Anjo do Senhor disse a Manoá: Ainda que me detenhas, não comerei de teu pão; e, se preparares holocausto, ao Senhor o oferecerás. Porque não sabia Manoá que era o Anjo do Senhor.

Perguntou Manoá ao Anjo do Senhor: Qual é o teu nome, para que, quando se cumprir a tua palavra, te honremos? Respondeu-lhe o Anjo do Senhor e lhe disse: Por que perguntas assim pelo meu nome, que é maravilhoso? Tomou, pois, Manoá um cabrito e uma oferta de manjares e os apresentou sobre uma rocha ao Senhor; e o Anjo do Senhor se houve maravilhosamente. Manoá e sua mulher estavam observando. Sucedeu que, subindo para o céu a chama que saiu do altar, o Anjo do Senhor subiu nela; o que vendo Manoá e sua mulher, caíram com o rosto em terra. Nunca mais apareceu o Anjo do Senhor a Manoá, nem a sua mulher; então, Manoá ficou sabendo que era o Anjo do Senhor.

Disse Manoá a sua mulher: Certamente, morreremos, porque vimos a Deus. Porém sua mulher lhe disse: Se o Senhor nos quisera matar, não aceitaria de nossas mãos o holocausto e a oferta de manjares, nem nos teria mostrado tudo isto, nem nos teria revelado tais coisas. Depois, deu a mulher à luz um filho e lhe chamou Sansão; o menino cresceu, e o Senhor o abençoou. E o Espírito do Senhor passou a incitá-lo em Maané-Dã, entre Zorá e Estaol. (Jz 13.8-25)

Como a história se desenrola? A mulher corre para contar ao seu marido as boas-novas. Manoá mostra-se um pouco confuso com tudo aquilo, pois não entende direito quem apareceu para ela, pensa talvez ter sido um homem ou uma espécie de profeta. Note bem que ela deixou detalhes importantes de fora, pois, aparentemente, não compreendeu muito bem tudo o que se passou. Ele ora a Deus pedindo por melhor entendimento, e o Anjo vem mais uma vez — e, mais uma vez, apenas para ela.

Manoá desejava obter mais informações, assim como nós. Com que frequência gostaríamos que Deus explicasse em mais detalhes como será a vida, como serão as coisas! E Deus nos dá o que deseja dar em sua palavra — e, muitas vezes, é isso e apenas isso. No caso de Manoá, é um pedido piedoso da parte dele, pois ele quer saber como cuidar, o que fazer. Diga mais, Senhor, para eu saber melhor como servir-lhe! Mas, em nossas peregrinações, Deus não responde a tudo que desejamos saber. Na maior parte do tempo, devemos apenas seguir com a palavra que ele já nos deu.

Então, misericordiosamente, o Senhor aparece novamente. Manoá é chamado e pede que explique de novo, mas, ele, em essência, limita-se a repetir tudo o que já fora dito. És tu que falaste com ela? Sim. Eu mesmo. Manoá, então, reconhecendo algo da grandiosidade de quem está à sua frente, oferece-se para preparar um cabrito. De fato, ele, aparentemente, ainda não sabe muito bem quem está ali. O Anjo responde que não vai comer... e, se houver um holocausto, uma oferta, é a Deus que se fazem as ofertas. E o autor de Juízes nos explica que Manoá não sabia que era o Anjo do Senhor. Manoá, então, pergunta o nome dele: "Qual é o teu nome? Para que, quando se cumprir tua palavra, possamos te honrar?". E a resposta é assombrosa: "Por que perguntas assim pelo meu nome, que é maravilhoso?".

Várias traduções tentam interpretar o que o Anjo do Senhor diz. Algumas defendem que não é possível compreender, pois se trata de algo que transcende meros humanos, algo glorioso demais, e nosso conhecimento sobre Deus é sempre limitado, não se exaurindo. Nós o conhecemos no que ele decidiu revelar-se a nós, acomodando sua revelação para nossas cabecinhas criadas conseguirem alcançar algum entendimento.[18] Obviamente, temos muito mais revelação sobre Deus do que Manoá tinha, mas nunca é — e nunca será — algo exaustivo. Um nome além do entendimento. Um Deus maior do que conseguimos compreender.

Manoá fica quieto e oferece um sacrifício. Talvez nesse momento ele já esteja finalmente entendendo. Ele faz a oferta e, então, segundo o texto, o Anjo do Senhor se apresenta maravilhosamente. Vêm chamas sobre o altar, e o mensageiro do Senhor sobe nelas. Os dois humanos, então, caem com o rosto em terra. E nunca mais viram aquele Anjo, compreendendo, apenas nesse momento, quem estava diante deles: o próprio Deus. Manoá se apavorou: "Certamente, morreremos, porque vimos a Deus". Ou seja, segundo sua compreensão naquele momento, nada sobraria dos dois. A mulher, mostrando-se mais ponderada, acalma-o, lembrando-o de que, se fosse esse o objetivo de Deus, ele nem teria revelado a ambos seus planos, tampouco teria aceitado a oferta.

Como seguir em frente, depois de algo tão impressionante? Mas a vida avança: a mulher engravida, enjoa, tem vontade de comer doces de madrugada,[19] dorme mal, o volume de sua barriga aumenta, vêm as contrações... e nasce o menino. O nome dele é Sansão. E nós sabemos algo bem

---

18 A ideia de que Deus emprega linguagem de acomodação para falar conosco é muito bela e nos coloca em nosso devido lugar.
19 É apenas uma suposição, talvez ela estivesse com vontade de tomar açaí.

interessante: o Espírito do Senhor vem sobre ele e começa a incitá-lo, ou seja, a agir sobre ele.

O nascimento em si traz honra ao casal. Eles não tinham filhos e, por certo, fora uma grande honra e uma intensa alegria o fato de, finalmente, haverem concebido. O tema dos nascimentos milagrosos é bem interessante nas Escrituras. Veja, por exemplo, Abraão e Sara, ambos chamados, já na velhice, para deixar sua terra. Eles não tinham filhos, mas Deus disse que, sim, eles teriam — e tiveram Isaque. Raquel, igualmente, não podia ter filhos, até que deu à luz José, filho de Jacó. Ana[20] e Elcana deram à luz Samuel. Zacarias e Isabel também não podiam ter filhos e conceberam João Batista quando já eram idosos.[21] Tudo isso é impressionante, sim! Mas também é pequeno em comparação ao que ocorre com Maria, uma gestação superior a todas as outras, quando o Espírito vem sobre ela, e ela se acha grávida. Uma virgem, alguém que não teve relação com homem algum, engravida.

Mas, voltando à história de Sansão, Manoá fica boquiaberto ao se dar conta de que, diante de si, encontra-se alguém cujo nome é maravilhoso. Aliás, uma profecia antiga dizia que, um dia, o messias viria, e seu nome seria Maravilhoso Conselheiro (Is 9.6). Porém, por mais impressionante que esse filho de Manoá venha a ser, impressionante mesmo

---

20 Aliás, como bem nota Chisholm, Ana viu, sim, sua esterilidade e a posterior gravidez como algo conectado à libertação que Deus faria. A mãe de Sansão não pareceu importar-se muito com isso. Veja Chisholm, *Juízes*, p. 332.
21 Timothy Keller faz belas considerações a esse respeito em *Juízes para você* (Edições Vida Nova, 2016), p. 134.

é o MARAVILHOSO Anjo do Senhor que estava por ali. Aquele que, um dia, habitaria um ventre humano e cujo nome seria maravilhoso para sempre.

DEUS CONTROLA TUDO E NOS LIVRA ATÉ MESMO PREPARANDO NASCIMENTOS

Nascimentos são algo especial e maravilhoso, mesmo sendo algo corriqueiro. Procurei estimativas e alguns falam em duzentos e cinquenta nascimentos por minuto no mundo atual. É muito neném. E todos são importantes. Todas as vidas são preciosas aos olhos do Senhor. Mas a verdade é que, em sua esmagadora maioria, seremos apenas pessoas ordinárias, embora não haja problema algum nisso.

Veja a providência de Deus agindo. Aquela mulher estava grávida, e Israel não tinha a menor ideia de que ali estava a criança que, um dia, faria uma grande obra para libertá-los. O Anjo disse que o filho de Manoá começaria a libertar Israel dos filisteus, mas essa encrenca ainda permaneceria por um bom tempo. Na época de Davi, ainda haveria muito a fazer em relação aos filisteus. Mas, então, o salvador Sansão nasce e o Espírito do Senhor está agindo nele. A situação toda é perigosa, pois os filisteus é que estão à frente de tudo: Israel está totalmente dominado. Mas o Espírito de Deus está agindo naquele bebê. Bastaria um bebê cheio do Espírito para salvar o dia? O nome desse bebê é Sansão.[22]

---

[22] Como Tim Keller nota, o nome dele significa algo como "pequeno Sol", o que é uma designação um tanto estranha no contexto hebraico. Keller sugere que talvez seja um indicativo a mais do mau estado espiritual do povo de Israel, pois, afinal, o sol era uma das deidades dos cananeus. Keller, *Juízes para você*, p. 140. A cidade de Bete-Semes, onde o sol era adorado como deus pelos cananeus, ficava bem perto dali (Chisholm, *Juízes*, p. 333).

De vez em quando, vem alguém especial como Sansão, alguém que faz grandes coisas e, milênios depois, ainda é lembrado. Só houve um, contudo, que foi essencialmente maravilhoso. E isso é algo para celebrar, sim. Por todos os tempos. Esse foi o dia em que Deus se fez homem — e esse nascimento muda tudo, pois ocorreu para libertar o povo de Deus da escravidão e do jugo do pecado. Em outras palavras, para libertar a todos nós da morte. Deus conduz a história; ele não é conduzido por ela.

JUÍZES 14
IN VINO VERITAS
NO VINHO ESTÁ A VERDADE[1]

"É melhor sentir dor do que nada

O oposto do amor é a indiferença

Portanto, preste atenção agora."[2]

Stubborn love, canção de *The Lumineers*

"Fui ao Senhor com arco e flecha

Tentei derribá-lo com uma canção de tristeza

---

1 A ideia é que o vinho faz as pessoas dizerem o que realmente pensam, mostrar o que, de fato, são.
2 N.E.: Trechos de músicas e livros citados pelo autor nas páginas 39, 40, 63, 64, 87, 88, 111, 112 e 113 deste livro foram traduzidos livremente.

Mas o amor não é algo que tomamos emprestado
Ele lhe custa sangue e ossos."

What nobody should know, canção de *Andy Squyres*

"Mas, se as nações tivessem um pai, José redimiria seus irmãos. Moisés manteve as águas erguidas, e Davi se tornaria seu amor. Salomão edificaria o templo. Sansão veio para destruir o mal; Pedro logo se tornou a rocha, e Paulo lideraria o rebanho romano. E isso é tudo que posso fazer para manter os olhos afastados de você."

Dirt, canção de *The Collection*

O QUE É O QUE É?

Você, leitor atento, é bom em charadas?

As crianças, em geral, amam charadas. Há pouco tempo, minha filha me perguntou: "Qual é o cereal favorito do vampiro?". Pensei, pensei, e nada! Então, ela, triunfante, respondeu: "Aveia".

Existem as charadas clássicas que, desde tempos imemoriais, os pais ensinam aos seus filhos. Aqui vão dois exemplos para auxiliá-lo, desprovido leitor, a entreter as crianças por alguns minutos.

"O que é o que é, tem coroa, mas não é rei? Tem escamas, mas não é peixe?" A resposta? "Abacaxi!"

"O que é o que é, passa diante do sol, mas não faz sombra?" A resposta? "O vento!"[3]

Enigmas, adivinhações e mistérios. Amamos essas coisas, tanto enigmas como os que citei como os enigmas históricos ou até mesmo os pessoais. O que aconteceu na Área 51? É uma conspiração?[4] E, na passagem Dyatlov, o que aconteceu por lá?[5] Você não conhece essa história? Pesquise, mas, veja bem, não perto da hora de dormir.

Em geral, assistimos a filmes e queremos descobrir o que aconteceu, queremos saber os segredos da história.[6] Histórias de crime e investigação são um dos maiores filões literários do mundo.[7] Uma boa história de mistério — sobrenatural, de detetives ou mesmo de amor — prende nosso coração.

Este capítulo de Juízes é cheio de segredos, mistérios e charadas. Vamos passar por todos eles, mas prepare-se: vem muita coisa estranha por aí. Tentemos, então, compreender

---

3 Zafón, autor espanhol que escreveu A sombra do vento, talvez discordasse poeticamente disso.
4 Escrevi um texto sobre teorias da conspiração que talvez interesse a você. Procure-o on-line que será possível encontrá-lo, a não ser que tenham dado sumiço nele.
5 Essa história me assombrou por um bom tempo. Uma matéria mais recente aponta para uma possível solução do mistério. Disponível em: https://www.newyorker.com/magazine/2021/05/17/has-an-old-soviet-mystery-at-last-been-solved. Sim, eu fico pensando nessas coisas.
6 Alguns, de modo insuportável, ficam falando em voz alta durante o filme coisas como "Eu acho que é ele o assassino", "Vai bater o carro, certeza". Parem, por favor, com isso!
7 Eu mesmo amo! Recentemente, voltei a reler as histórias escritas por Jeffery Deaver, e me pergunto por que fiquei tanto tempo sem elas. São muitos os mestres do gênero. Talvez um dia eu mesmo me arrisque a escrever uma!

o maior de todos os mistérios: quem está no controle de tanta confusão que se desenrola ao nosso redor? "O que é o que é" que o Senhor está fazendo com seu povo? O que aconteceu na Timna dos filisteus? Você está pronto para essa história? Logo agora, antes de dormir? Está pronto para aprender que, algumas vezes, o Senhor age de forma misteriosa? O fato, porém, é que podem até ser meios misteriosos e confusos para nós, mas Deus sempre age.

O MISTÉRIO DO PLANO DO SENHOR

O capítulo 14 segue com a história de Sansão.[8] A exemplo do que sabemos em relação a Jesus, recebemos as informações que cercam o nascimento de Sansão e, igualmente, sua infância dá um salto para o início de sua vida adulta.

> Desceu Sansão a Timna; vendo em Timna uma das filhas dos filisteus, subiu, e declarou-o a seu pai e a sua mãe, e disse: Vi uma mulher em Timna, das filhas dos filisteus; tomai-ma, pois, por esposa. Porém seu pai e sua mãe lhe disseram: Não há, porventura, mulher entre as filhas de teus irmãos ou entre todo o meu povo, para que vás tomar esposa dos filisteus, daqueles incircuncisos? Disse Sansão a seu pai: Toma-me esta, porque só desta me agrado. Mas seu pai e sua mãe não sabiam que isto vinha do Senhor, pois este

---

8 Para um interessantíssimo paralelo entre a narrativa da vida de Sansão e a de Gideão, veja Webb, *The Book of Judges*, p. 360.

procurava ocasião contra os filisteus; porquanto, naquele tempo, os filisteus dominavam sobre Israel. (Jz 14.1-4)[9]

No capítulo anterior, vimos o narrador de Juízes preocupado em nos contar sobre a origem do super-herói, por assim dizer. Alguns heróis surgem depois de uma picada de aranha radioativa; outros vem de Krypton; outros ainda são órfãos bilionários com sede de justiça. Aqui, nosso herói real nasceu de um casal estéril, um casal que não nutria esperança alguma de vir a ter filhos. No entanto, acabamos de ler sobre o nascimento de Sansão e sobre o Espírito de Deus atuando nele.

Como se inicia o capítulo 14? O menino que nasceu de Manoá e de sua esposa já está crescido, embora não saibamos sua idade. Até onde sabemos, ele está seguindo os votos sob os quais foi colocado, sem beber vinho ou bebida forte, sem passar navalha no cabelo e sem tocar em cadáveres — tudo conforme a prescrição feita aos nazireus e as especificações que foram dadas aos seus pais. Mas algo não vai bem. Um dia, ele desce até Timna e se enamora de uma mulher filisteia. Lembre-se de que os filisteus são o povo que está oprimindo e dominando Israel. E, diferente de outras ocasiões, dessa vez Israel sequer está pedindo libertação — aparentemente, eles estão acostumados e conformados

---

9 Webb (*The Book of Judges*, p. 360) e outros autores observam que existem algumas dificuldades na narrativa, no sentido de parecer que Sansão está acompanhado dos pais, mas depois que se encontra sozinho na hora da luta com o leão, além de outras dificuldades. Provavelmente, o autor está fazendo um resumo dos eventos do dia, não parecendo preocupado em estabelecer uma cronologia exata de cada movimento de Sansão ou dos seus. O foco não está nisso, mas no que ele faz e na razão pela qual ele faz.

com aquela situação. E Sansão manifesta o desejo de se casar com uma mulher deles. Como assim, Sansão? Você não deveria ser o libertador? Por que isso seria um problema? De início, observe que havia as proibições expressas da Lei do Senhor Deus, como, por exemplo, Êxodo 34.

> Abstém-te de fazer aliança com os moradores da terra para onde vais, para que te não sejam por cilada. Mas derribareis os seus altares, quebrareis as suas colunas e cortareis os seus postes-ídolos (porque não adorarás outro deus; pois o nome do SENHOR é Zeloso; sim, Deus zeloso é ele); para que não faças aliança com os moradores da terra; não suceda que, em se prostituindo eles com os deuses e lhes sacrificando, alguém te convide, e comas dos seus sacrifícios e tomes mulheres das suas filhas para os teus filhos, e suas filhas, prostituindo-se com seus deuses, façam que também os teus filhos se prostituam com seus deuses. (Êx 34.12-16)

Deus, expressamente, havia ensinado Israel a não casar seus filhos com as descrentes de Canaã. E a não casar suas filhas com os descrentes de lá. Seria um passo terrível rumo à apostasia e à idolatria. E seus pais bem sabem que não seria algo correto. Além disso, essa decisão nos mostra algo sobre o coração de Sansão. Se o coração estivesse mesmo em um lugar correto e saudável, ele estaria procurando uma mulher dentre as filhas de Israel. O fato de ele facilmente enamorar-se de uma mulher pagã, uma mulher que não ama o Deus verdadeiro, mostra o que é importante para Sansão: ter sua própria alegria realizada, ao alcançar o desejo de seus olhos.

Na sequência, vemos que ele volta para casa e diz aos seus pais que deseja casar-se com a tal mulher, e pede que eles façam isso acontecer. Mas seus pais não gostam nada dessa ideia. Perguntam se não há mulher entre seus irmãos (referindo-se ao clã ou mesmo à tribo de Dã, ou ainda, de forma mais ampla, ao povo de Israel). Sim, havia. Mas Sansão enamorou-se da moça filisteia. Qual é o problema, deixemos o amor vencer, não? Mas o amor não é sempre invencível, e nossos amores desordenados podem e devem ser derrotados!

Os pais de Sansão haviam recebido do Anjo do Senhor a promessa de que o filho começaria a libertar Israel dos filisteus. Por certo, eles se lembraram disso ao longo de toda a infância do menino e, também agora, em sua juventude, eles tinham a memória desse comunicado. Havia, verdadeiramente, a esperança de que a libertação viria, de que o jugo dos inimigos seria retirado. E que notícia eles recebem? Que o rapaz deseja casar-se com uma mulher filisteia!

Aqui, há uma questão cultural a ser compreendida. Naquele tempo e naquela cultura, eram os pais que iam atrás de uma esposa para o filho, ou seja, eram eles que tomavam a iniciativa de buscar alguém. Essa postura de Sansão, portanto, é, inequivocamente, contracultural e um tanto ofensiva para a época. Inclusive, como bem lembra Webb, nem mesmo os pais da moça estavam envolvidos nesse intento.¹⁰ Porém, isso é o de menos. O fato é que a questão teológica se faz presente. E é algo muito, muito mais sério. Não é que Deus proíba o casamento interétnico — entre etnias. Veja bem, isso nunca foi proibido. É, por outro lado, uma questão de fé! Manoá sabe que ela é uma dentre os incircuncisos, dentre os que não estão em aliança de salvação com o Senhor. Não se trata de racismo ou de xenofobia. Nada disso. A proibição diz respeito à união matrimonial entre um servo de Yahweh e alguém que não serve a Yahweh. Então, se a filesteia viesse a crer em Deus, não haveria problema algum. Aliás, algo similar aconteceu no próprio período dos Juízes com Rute, a moabita que creu.¹¹ E, como lembra Timothy Keller, o primeiro juiz, Otniel, casou-se com uma valiosa israelita, uma mulher chamada Acsa. E o último deles procurou em uma adoradora de Dagom alguém para dividir o travesseiro.¹²

Aproveito e trago uma palavra aos que não estão casados — aqueles que são solteiros, viúvos ou seja lá o que for. Sei que, muitas vezes, parece que tanto faz. Que o importante é estar com uma pessoa que lhe faça bem, alguém que cuide de você... coisas assim. Mas entenda que fazer bem de verdade é fazer bem nos termos dos caminhos de Deus. Cuidar de você é, acima de tudo, cuidar de você nos termos das Escrituras, e não do que o mundo entende como cuidar.

---

10 Webb, *The Book of Judges*, p. 369.
11 No meu livro *Redenção nos campos do Senhor: as boas-novas em Rute* (Monergismo, 2017), conto mais sobre essa maravilhosa história de amor, providência e redenção.
12 Keller, *Juízes para você*, p. 146.

Agora mesmo, você precisa erigir sólida e firmemente esta barreira diante de si: não se case com alguém que esteja entre os que não amam o Senhor. Mesmo que a alternativa seja nunca casar-se. Não se una a alguém que não tenha um novo coração, um coração de carne, um coração circuncidado. Como escrevi num artigo:

> Por que cada vez mais homens e mulheres buscam tornar-se uma só carne com alguém que ainda existe na velha carne? Fazer um pacto para a vida inteira com alguém que recusa o pacto com Cristo? Trocar o coração com alguém que tem um coração de pedra? É óbvio que há uma legião de razões. Foquemos em uma. Penso que uma razão é que muitos, por causa da secularização de nosso tempo, veem a religião como apenas uma das áreas diversas da vida. Uma de diversas possíveis opções, mas algo que não influencia demais a vida como um todo.[13]

Quando passamos a encarar a escolha religiosa como apenas uma das diversas áreas da vida, podemos ignorar essas diferenças, na hipótese de haver afinidade suficiente em outros pontos. E talvez para o próprio Sansão também fosse assim, ou seja, o que agradou a ele naquela mulher sobrepujava o amor que ele tinha pelo Senhor. Mas, em verdade, a questão mais básica do coração humano é a seguinte: se ele é contra Deus ou a favor de Deus. Se é de Cristo ou não é de

---

13 Disponível em: https://voltemosaoevangelho.com/blog/2020/07/casamento-misto-vai-acabar-em-pizza/.

Cristo. Isso vai influenciar todas as áreas da vida! Sexualidade, lazer, trabalho, criação de filhos, investimentos etc. Todas as áreas da vida são tingidas pelo que cremos acerca de Deus.

"O que é o que é?": parece um noivado promissor, mas tem tudo para andar mal? Enfim, o conteúdo do verso 4 nos aponta para um mistério, para algo que somente nós, leitores, sabemos (nem Sansão nem seus pais sabiam): o Senhor estava agindo. Em toda essa situação, Deus tinha seus planos. Entenda que o texto não está dizendo que Deus autorizou a quebra da lei, por ter um plano maior ou algo assim. O que o texto diz é que até mesmo o pecado de Sansão faz parte do plano de Deus.

"O que é o que é?": domina o mundo e se utiliza até mesmo da rebeldia de seu povo para cumprir sua vontade? O fato é que o Senhor se utilizaria até mesmo do pecado de Sansão. Em sua maravilhosa soberania, o Senhor utiliza-se até mesmo de nossos erros e de nossa rebeldia. Isso, contudo, não significa que ele justifique nossos erros ou autorize nossos pecados; seu propósito é que nos maravilhemos diante daquele que faz mais do que conseguimos imaginar e que não é nunca frustrado em seus planos, muito menos por meros seres humanos.

Esse é o primeiro mistério e tem suas implicações. Nós olhamos para o mundo em que vivemos e ficamos perplexos! Há tanta coisa estranha acontecendo, o que nos leva à seguinte pergunta: será que Deus sabe mesmo o que está fazendo? Será que ele está alheio ao mal que assola o mundo?

Será que seus planos maravilhosos estão sendo frustrados por humanos perversos? "O que é o que é?": está atento e governando o mundo e emprega até mesmo as coisas que nos confundem para atingir seus planos santos? É ele, o Senhor. Tenhamos paciência.

O MISTÉRIO DO LEÃO E DO MEL

Sigamos na leitura:

> Desceu, pois, com seu pai e sua mãe a Timna; e, chegando às vinhas de Timna, eis que um leão novo, bramando, lhe saiu ao encontro. Então, o Espírito do SENHOR de tal maneira se apossou dele que ele o rasgou como quem rasga um cabrito, sem nada ter na mão; todavia, nem a seu pai nem a sua mãe deu a saber o que fizera. (Jz 14.5, 6)

Sansão vai com seus pais até Timna, pois eles acataram, ainda que a contragosto, a ideia do casamento. Na chegada à região das vinhas de Timna, contudo, algo acontece. Pelo jeito, eles não estão, por qualquer razão, viajando juntos. Algo se passa com Sansão, sozinho. O quê? Um animal selvagem — melhor dizendo, um leão — o ataca. Segundo Chisholm, a alusão é a um leão jovem, que está entrando na vida adulta, o que torna o momento ainda mais perigoso, ou seja, capturar um jovem predador que está em estágio de autoafirmação.[14] Ataques assim aconteciam naquele tempo

---
14 Chisholm, *Juízes*, p. 335.

— e ainda acontecem em muitas partes do mundo.¹⁵ Em geral, transitamos pelas cidades sem qualquer preocupação quanto a questões dessa natureza, mas, naquele tempo, era algo realmente digno de preocupação. Um leão vai atacá-lo, em meio às vinhas.¹⁶ Você já assistiu a vídeos de ataques desses animais de grande porte? Eu já vi alguns apavorantes. E são apavorantes inclusive quando não consistem em ataques propriamente ditos, mas apenas em vídeos de pessoas que criam tigres em casa e vão à piscina com eles. Fica bastante claro que, se aquele felino maravilhoso decidisse fatiar o humano, não teria muita dificuldade. Não mesmo!

O fato é que nenhum humano é capaz de enfrentar, desarmado, um leão. Mas Sansão não está lutando na força dele, mas, sim, no poder do Espírito de Deus. Sansão não é *naturalmente* forte, mas *sobrenaturalmente* forte. Por vezes, nós o imaginamos como um desses fisiculturistas ou atletas olímpicos hipermusculosos, homens capazes de levantar centenas de quilos ou de rasgar listas telefônicas com a força de suas mãos. Pode ser que ele realmente tivesse um aspecto impressionante.¹⁷ Mas sua força não vinha de treinamento

---

15 Aqui na minha Brasília, já fui atacado por coruja, por quero-quero e por uma ave não identificada no estacionamento da Universidade de Brasília, após comer um pastel na lanchonete *Pruscôco*. Nenhum ataque de lobo-guará até aqui, mas sigo atento.
16 Como Webb lembra bem, em 2 Samuel 23.20 a vitória sobre um leão é um grande feito que somente um poderoso guerreiro poderia atingir. Sim, Davi também o fez (1Sm 17.34-36). Webb, *The Book of Judges*, p. 367.
17 Desde que, noutro dia, assisti à película *Moana*, só consigo pensar em Sansão como se fosse o Maui.

físico, dieta adequada ou suplementação; ele tinha essa força por causa da ação divina sobre ele.

Desse modo, para Sansão, no poder do Espírito do Senhor, foi como lutar com um cabritinho. Não foi com flecha, lança ou espada. Como Barry Webb observa:

> Tudo em sua luta com o leão aponta para uma capacitação sobrenatural. O Espírito que começou a incomodá-lo em 13.25 agora "vem" sobre ele, lançando-o num frenesi de força destrutiva (v. 6a). Ele não apenas mata o leão, como também o "rasga em dois" — com as mãos nuas. Há uma significativa ampliação aqui de coisas que vemos nas narrativas precedentes dos juízes. O Espírito "veio sobre Otniel e Jefté (3.10; 11.29) e "revestiu" Gideão, mas ele "se apossou"...[18]

Esse momento deve fazer-nos pensar: se Deus pode dar esse tipo de força a esse homem, quem sabe o que será capaz de fazer contra os inimigos de Israel? Sansão manteve para si o segredo. Não contou a ninguém. "O que é o que é?": capaz de lutar com um leão com as mãos nuas e, ainda assim, sair vitorioso? E, logo em seguida, a história nos traz outro segredo. Ele foi até Timna para falar com a mulher e tudo caminha bem. E Sansão está nesse vaivém quando surge mais um segredo.

---

18 Webb, *The Book of Judges*, p. 368.

O SEGREDO DO MEL

> Desceu, e falou àquela mulher, e dela se agradou. Depois de alguns dias, voltou ele para a tomar; e, apartando-se do caminho para ver o corpo do leão morto, eis que, neste, havia um enxame de abelhas com mel. Tomou o favo nas mãos e se foi andando e comendo dele; e, chegando a seu pai e a sua mãe, deu-lhes do mel, e comeram; porém não lhes deu a saber que do corpo do leão é que o tomara. (Jz 14.7-9)

Sansão vai até Timna, conversa com a tal mulher e dela se agrada. O cortejo está indo bem. Em seguida, volta para sua terra e depois vai para lá de novo. Nessa nova ida, ele se desvia do caminho para ver o leão morto. Por quê? Talvez por mera curiosidade. Eu mesmo vivo saindo do meu caminho para ver algo. Talvez tenha sido o desejo de rememorar a grande vitória que tivera. Então, ele nota que algo estranho aconteceu. Um enxame de abelhas se alojou na carcaça do animal e, ali, havia mel. Mel? Que estranho! O que, então, Sansão faz? Ora, ora, como assim desperdiçar mel? É claro que não! Parece que Sansão é alguém que toma o que seus olhos desejam, seja isso certo ou não. Então, ele pega o favo de mel e sai dali comendo — provavelmente também chupando ou mastigando as abelhas, ou ainda usando o ferrão para limpar os dentes. Barry Webb nota muito bem que, assim como se dera com a mulher, Sansão age com o mel: se seus olhos apreciam algo, ele vai lá e pega. E, naquela situação específica, ainda há uma similaridade interessante com o que Eva fez: viu, tomou, comeu e entrega a alguém mais.[19] Esses são ecos de decisões catastróficas!

No entanto, aqui, no caso de Sansão, há um problema: ele violou seu voto, pois não podia tocar em cadáveres. Esse mel que travara contato com o cadáver era impuro.[20] Desse modo, segundo a lei, Sansão deveria ir ao santuário oferecer sacrifício e encerrar o voto. Ele havia falhado, simples assim! Mas não... ao contrário disso, ele está indo ver a filisteia. E ainda deu o mel aos seus pais! Vejam o que eu trouxe para vocês! Não sei se mentiu sobre a origem ou se, convenientemente, apenas a omitiu. E assim vai mais um segredo. O mel viera do leão morto, o voto fora violado. E agora, o que fazer? Sansão fora levantado por Deus para livrar Israel, mas já estava ficando bem claro tratar-se de um homem imperfeito. Alguém que segue seus impulsos e que faz o que é reto aos próprios olhos, como era comum naquele tempo.

Essa é a triste realidade. Todos aqueles a quem Deus levanta para cuidar de seu povo, sejam juízes como Sansão, sejam apóstolos como Pedro e Paulo, sejam ainda reis como Davi e Salomão, todos são homens falhos. É gente que cede e peca. Nunca se esqueça disso, pois não faltam pessoas que abandonaram a fé por se decepcionarem com outras que elas imaginavam ser infalíveis. Nossa fé, nossa esperança,

---
19 Webb, *The Book of Judges*, p. 369.
20 Chisholm (*Juízes*, p. 337) é um dos que sugerem que a proibição dizia respeito apenas a cadáveres humanos. Assim, nesse momento não teria havido violação de seu voto nazireu. Seja como for, não tardaria muito para cadáveres humanos estarem nas mãos de Sansão.

nada disso está — nem pode estar — em ninguém mais além do Senhor. Nunca. Só há um herói perfeito.

O SEGREDO DA CHARADA E DA AÇÃO DIVINA
E a história avança com mais charadas e mistérios.

Descendo, pois, seu pai à casa daquela mulher, fez Sansão ali um banquete; porque assim o costumavam fazer os moços. Sucedeu que, como o vissem, convidaram trinta companheiros para estarem com ele. Disse-lhes, pois, Sansão: Dar-vos-ei um enigma a decifrar; se, nos sete dias das bodas, mo declarardes e descobrirdes, dar-vos-ei trinta camisas e trinta vestes festivais; se mo não puderdes declarar, vós me dareis a mim as trinta camisas e as trinta vestes festivais. E eles lhe disseram: Dá-nos o teu enigma a decifrar, para que o ouçamos. Então, lhes disse: Do comedor saiu comida, e do forte saiu doçura. E, em três dias, não puderam decifrar o enigma. Ao sétimo dia, disseram à mulher de Sansão: Persuade a teu marido que nos declare o enigma, para que não queimemos a ti e a casa de teu pai. Convidastes-nos para vos apossardes do que é nosso, não é assim? A mulher de Sansão chorou diante dele e disse: Tão somente me aborreces e não me amas; pois deste aos meus patrícios um enigma a decifrar e ainda não mo declaraste a mim. E ele lhe disse: Nem a meu pai nem a minha mãe o declarei e to declararia a ti? Ela chorava diante dele os sete dias em que celebravam as bodas; ao sétimo dia, lhe declarou, porquanto o importunava; então, ela declarou o enigma aos seus patrícios. Disseram, pois, a Sansão os homens daquela cidade, ao sétimo dia, antes de se pôr o sol: Que coisa há mais doce do que o mel e mais forte do que o leão? E ele lhes citou o provérbio: Se vós não lavrásseis com a minha novilha, nunca teríeis descoberto o meu enigma. (Jz 14.10-18)

Lá se vai a família de Manoá até Timna para um banquete. É chegada a hora de Sansão se unir à mulher filisteia. Escolheram as músicas da entrada, pajem, daminhas, tudo certo no cartório.[21] Não pense em um banquete delicado, com todos sentados à mesa e utilizando os talheres na ordem correta. Trata-se de uma festança, e todo mundo está lá curtindo. Uma festa com bebida forte, algo que, embora não fosse proibido ao povo de Israel, era para o nazireu Sansão. O texto não diz se Sansão bebeu ou não, mas informa que o banquete se deu segundo os costumes dos moços daquele tempo.

É o próprio pacto de casamento. Seria uma festa de sete dias e, ao final desse prazo, eles se deitariam juntos. Sansão não é dos filisteus; ele deveria estar libertando Israel dos filisteus, e não se casando com uma moça desse povo.

O texto nos fala desses trinta homens — homens dentre os filisteus, talvez amigos da família da noiva, que estavam na função de fazer companhia a Sansão, talvez algo parecido com o que temos hoje na figura dos padrinhos. Porém, esses homens não são realmente amigos dele. O que será que eles pensam do israelita Sansão? Parece que havia

---

21 Imagine fazer o cerimonial do casamento de Sansão!

um clima amigável entre os filisteus e Israel, não? Mas não deveria ser assim. Não poderia ser assim.

Sansão resolveu, então, divertir-se caçoando deles. "Segue um enigma para vocês! Se, em sete dias, vocês resolverem, vou dar a cada um de vocês uma camisa e uma veste festiva. Se eu ganhar, cada um me dá uma." Mais um enigma. "O que é o que é?": passa a festa do próprio casamento arrumando confusão com filisteu?

Vejamos melhor os termos dessa aposta. O custo para Sansão seria bem alto; e cada um sairia dali com uma roupa nova e valiosa. Sansão está certo de que não há possibilidade de eles descobrirem a solução para o enigma. E, se não descobrirem, o custo para cada um será baixo, relativamente falando, e Sansão terá ganho uma bela bolada. Um guarda-roupa completo para um bom tempo. Você, leitor dado a apostas, toparia algo assim? Pois eles toparam!

"O que é o que é?": do comedor, saiu comida e, do forte, saiu doçura?

Sejamos sinceros, é impossível adivinhar que isso se refere a um leão morto cheio de mel. Quem pensaria nisso?[22] E os dias foram passando e ninguém conseguia adivinhar. E a turma foi ficando cada vez mais frustrada. Então, eles decidiram apelar para recursos antidesportivos. Eles pressionariam a noiva, a qual, por sua vez, convenceria Sansão a contar, sob a ameaça de incendiar a família dela e ela, todos juntos! Também a acusaram de tê-los convidado apenas

---

22 Assemelha-se, em alguma medida, às charadas malucas que minha filha ou meus sobrinhos inventam.

com o intuito de roubar as posses deles. Coitada dessa mulher! Veja bem, leitor, a que ponto tudo estava ameaçando chegar. Os filisteus não eram bonzinhos, não; eram, sim, um povo cruel pressionando aquela moça justamente nos dias de suas núpcias. E, então, ela se vê pressionada e vai falar com Sansão. E recorre a uma tática que, suspeito, seja universal: "Você nem me revelou a resposta, não é? Acho que você não me ama. Se me amasse, teria contado para mim". Acaso você, ingênuo leitor, achou que era novidade o golpe do "acho que você não me ama"?

Sansão, então, comete um erro que é típico dos homens e, ao que parece, universal: "Mas nem para minha mãe eu contei!". Imagine a temperatura ambiente baixando alguns graus. E ela segue se lamentando e importunando-o por sete dias. Não é algo que possamos chamar exatamente de "casamento dos sonhos". "O que é o que é?": deveria ser uma ocasião de alegria, mas está cheio de medo, acusações e choro?

E a noiva tanto importunou que Sansão contou, e ela, claro, contou aos outros. Então, a turma chega, toda feliz, trazendo a solução. Ora, não há nada mais forte que um leão e nada mais doce que o mel. De pronto, Sansão entende o que se passou e cita um provérbio sobre lavrar com a novilha dos outros.[23] O que ele está dizendo é que eles só venceram porque usaram o que não podiam,

---

23 Barry Webb sugere que a fala aponta tanto para uma metáfora agrícola como para uma de cunho sexual. É como se tivesse havido uma violação da propriedade de Sansão. Veja Webb, *The Book of Judges*, p. 374.

ou seja, algo que seria dele por direito. Ele está tentando lançar sombra sobre a vitória, dizer que jogaram de forma antidesportiva.[24] De qualquer modo, agora ele precisa prover àqueles homens o que havia prometido.

O SEGREDO DO PODER

Vejamos o final do capítulo.

> Então, o Espírito do SENHOR de tal maneira se apossou dele que desceu aos asquelonitas, matou deles trinta homens, despojou-os e as suas vestes festivais deu aos que declararam o enigma; porém acendeu-se a sua ira, e ele subiu à casa de seu pai. Ao companheiro de honra de Sansão, foi dada por mulher a esposa deste. (Jz 14.19, 20)

Como Sansão poderia resolver essa encrenca? Certamente, não de um modo muito amigável. Talvez ele tivesse em mente que, se eles se haviam valido de meios escusos para vencer, ele também poderia recorrer a meios duvidosos para pagar. O Espírito do Senhor, então, vem sobre ele. E, da última vez que vimos isso, uma fera com garras afiadas e presas poderosas não foi capaz de deter Sansão.

O que fazer? Ir ao Shopping Praia Asquelom para comprar as vestes que ele deve? Não. Ele vai até Asquelom, uma das cidades fortes dos filisteus. E ele simplesmente mata trinta homens, pega as roupas deles e paga sua dívida. Simples assim! E vai embora! Larga a noiva, o

---

[24] E nem havia um Superior Tribunal de Justiça Desportiva (STJD) para arbitrar a questão!

casamento e tudo o mais, e volta para sua terra. O que se passa na cabeça de Sansão? Teria desistido do casamento? Ou ainda voltaria àquele lugar para buscar a mulher? Aparentemente, o pai da noiva acha que não, e a entrega a um dos convidados. Que situação! Um dos que estavam apostando contra Sansão leva a filisteia para casa. Você acha que isso vai cair bem em Sansão?

Que história bizarra, não?! "O que é o que é?": difere e muito do que a nossa cultura espera que sejam as histórias bíblicas? As próprias histórias bíblicas. Elas são realistas e mostram gente irada, complicada, mesquinha e tola, inclusive registra que nós, seu povo, muitas vezes também somos assim. Será que Deus está agindo nisso tudo?

"O que é o que é?": quem é aquele que, poderosamente, está guiando essa história? Veja, Deus está agindo. O pecado de cada um ainda é o pecado de *cada um*. Mas Deus está acabando com a amizade idólatra entre Israel e os filisteus. Se ainda não há inimizade, Deus está fazendo surgir algo por meio do juiz falho Sansão. Se Israel tem sido "tão amiguinho" dos filisteus que os escravizam, a ponto de haver casamento e festa, veremos Deus empregando, inclusive, essa tolice para salvar seu povo de si mesmo. Aliás, Deus faz com que, frequentemente, seu povo sinta a inimizade deste mundo. Não é algo incomum. Vez ou outra, Deus levanta perseguição sobre a igreja para que possamos acordar; algumas vezes, o nome de nosso salvador é zombado pelo mundo, para que percamos a ilusão de que seremos amados pelo mundo. Deus usa até mesmo nosso pecado para nos fazer odiar o pecado.

Observe que Sansão estava em grande amizade com os filisteus, querendo, inclusive, casar-se com uma dentre eles. Mas, então, depois do ocorrido, já não são mais tão amigos assim. Ele não saiu para comprar trinta vestes; ele matou trinta filisteus para dar as vestes a outros trinta. Nisso, temos a ação de Deus. Ele vai converter o mal de Sansão — de querer casar-se fora do pacto — em um início de inimizade com os filisteus. Deus age assim. Vejamos o que o texto bíblico nos diz em Atos 2.22-24:

> Varões israelitas, atendei a estas palavras: Jesus, o Nazareno, varão aprovado por Deus diante de vós com milagres, prodígios e sinais, os quais o próprio Deus realizou por intermédio dele entre vós, como vós mesmos sabeis; sendo este entregue pelo determinado desígnio e presciência de Deus, vós o matastes, crucificando-o por mãos de iníquos; ao qual, porém, Deus ressuscitou, rompendo os grilhões da morte; porquanto não era possível fosse ele retido por ela.

Note a soberania de Deus. Homens foram de fato culpados por matar Jesus, o Filho de Deus, mas assim se passou pelo desígnio e a presciência de Deus. Livrar o povo do Senhor do mal é algo bem complexo e envolve até derramamento de sangue. E envolve Deus utilizar-se até mesmo dos malfeitos de gente má.

"O que é o que é?": parecia o final do mundo, a derrota do bem? A morte havia triunfado, e não teríamos mais ninguém. Porém, da morte, veio vida; e, do sangue, veio salvação. Da cruz e a da tumba vazia, houve grande ressurreição.

Esta é uma tragédia misteriosa:[25] a morte do Filho de Deus na cruz. Mas já nos foi revelado o mistério: foi assim que ele nos salvou. Nessa história de Sansão, porém, as coisas estão bem estranhas. Teremos de confiar no Deus que sempre triunfa em seus planos.

---

25 Há uma canção que utilizamos com bastante frequência em nossa igreja, chamada "Misteriosa tragédia". Amo muito.

JUÍZES 15
SE VIS PACE PARA BELLUM

SE QUERES PAZ,
PREPARA-TE PARA A GUERRA

"Nossas mãos estão sangrando
Nossa morte diz que somos esperados, e estamos indo."
Mayla, canção de Ed Sharpe

"Minha saúde não é de ferro, não é não
Mas meus nervos são de aço.
Pra pedir silêncio, eu berro;
pra fazer barulho, eu mesma faço, ou não.
Pegar fogo nunca foi atração de circo
Mas de qualquer maneira
Pode ser um caloroso espetáculo."
Jardins da Babilônia, canção de Rita Lee

"Na clareira há um boxeador
E um lutador de profissão
E ele leva os lembretes
De cada luva que o derribou
E o feriu até que ele gritou
Em sua raiva e sua vergonha
'Estou saindo, estou saindo'
Mas o lutador ainda permanece."

The boxer, canção de Simon & Garfunkel

Incentivado por meu valoroso irmão, o famigerado Tércio Garofalo, assisti à trilogia *John Wick*.[1] Sim, aqueles filmes do Keanu Reeves em que ele é um matador profissional em busca de vingança. E, sim, eu vi os três em cerca de 12 horas.[2] Feriado é uma beleza!

John Wick. É a história de um homem muito bom no que faz — e o que ele faz é matar. John Wick é conhecido no meio da criminalidade como *Baba Yaga*, como o folclore eslavo chama algo equivalente ao nosso amado bicho-papão. *Baba Yaga* é um ser mitológico,[3] sobrenatural, que aparece como uma velhinha de aspecto ameaçador — na verdade, bem assustador mesmo! Mas há certa ambiguidade na figura: por vezes maligna, por vezes o terror de quem é maligno. Nada muito diferente do bicho-papão, que é tanto uma figura

---

1 Trilogia no momento da escrita do livro, mas já existem mais filmes em produção.
2 Acho que é bom lembrar que não é por ter mencionado um filme aqui que estou necessariamente recomendando-o a todos os leitores. Talvez seja mais do que sua consciência permita; a coisa é bem violenta.
3 Tomara!

ameaçadora como algo usado para assustar quem está sendo malvado. Não vou contar muito sobre a trilogia. No universo do filme, John Wick é visto dessa forma. Algo pavoroso, mas, ao mesmo tempo, é o que se tem quando se deseja derrotar algo também pavoroso. Às vezes, John Wick é tratado como o próprio bicho-papão, mas, sem dúvida, é também aquele a quem você chama quando precisa matar o bicho-papão.

Há um ponto que desejo ressaltar. John Wick havia se aposentado e acabou voltando ao meio criminal por causa de algo relativamente simples: roubaram seu carro e mataram seu cachorro. Então, ele resolveu "não deixar barato". E os bandidos resolveram também "não deixar barato" o fato de ele "não deixar barato". E logo isso aumentou e acabou por envolver mais gente, mais violência, mais morte, mais países, mais facções criminosas... e, de vez em quando, alguém diz algo como: "Isso começou com um carro e um cachorro". Há uma frase célebre que é evocada no filme: *Si vis pace parabelum* [Se queres paz, prepara-te para a guerra].

Em Canaã, o povo de Deus está vivendo tempos aparentes de paz. Mas isso não é verdade. É opressão, domínio e sujeição forçada a um povo que odeia o Senhor. E Deus vai libertá-los, levando-os para a verdadeira paz. Mas, para isso, será necessário fazer uma guerra. E eu espero que você perceba que essa é uma boa notícia, pois, quando o bem se levanta contra o mal, isso é realmente algo bom. Deus age para libertar seu povo e vencer o mal, apesar da fraqueza desse povo. A tensão entre os filisteus e Israel está crescendo — e tudo isso por causa de Sansão. Como, então, a história avança?

DEUS COLOCA INIMIZADE ENTRE SEU POVO E OS QUE ODEIAM CRISTO

Vejamos o início do capítulo 15.

> Passado algum tempo, nos dias da ceifa do trigo, Sansão, levando um cabrito, foi visitar a sua mulher, pois dizia: Entrarei na câmara de minha mulher. Porém o pai dela não o deixou entrar e lhe disse: Por certo, pensava eu que de todo a aborrecias, de sorte que a dei ao teu companheiro; porém não é mais formosa do que ela a irmã que é mais nova? Toma-a, pois, em seu lugar. Então, Sansão lhe respondeu: Desta feita sou inocente para com os filisteus, quando lhes fizer algum mal. E saiu e tomou trezentas raposas; e, tomando fachos, as virou cauda com cauda e lhes atou um facho no meio delas. Tendo ele chegado fogo aos tições, largou-as na seara dos filisteus e, assim, incendiou tanto os molhos como o cereal por ceifar, e as vinhas, e os olivais. Perguntaram os filisteus: Quem fez isto? Responderam: Sansão, o genro do timnita, porque lhe tomou a mulher e a deu a seu companheiro. Então, subiram os filisteus e queimaram a ela e o seu pai. Disse-lhes Sansão: Se assim procedeis, não desistirei enquanto não me vingar. E feriu-os com grande carnificina; e desceu e habitou na fenda da rocha de Etã. (Jz 15.1-8)

Uau! E você achava que John Wick era violento? O que se passou aqui? Ora, estamos no livro de Juízes, que narra uma das piores fases da história de Israel. O povo está constantemente em apuros, na idolatria, fugindo de

Deus. E Deus, misericordiosamente, tem levantado gente para proteger e livrar Israel. Já vimos isso com Débora, Baraque, Otniel, Gideão, Jefté... e agora com o homem mais complicado de todos: o tal Sansão. Afinal, é a sua história que estamos analisando, a história de Sansão, o juiz da vez. Note que, em todo o livro, para haver paz, foi necessário, antes, haver guerra.

No último capítulo, vimos a confusão que surgiu, entre mistérios e charadas, com Sansão matando um leão, comendo mel, matando os filisteus e indo embora, irado, de sua própria festança de casamento. No final, vimos que quem levou a filisteia para casa foi outro homem, e não Sansão. Bravo, o noivo foi embora. E a noiva ficou lá, separada para ele, para quando quisesse vir buscá-la? Afinal, a lua de mel já estava paga, o hotel, reservado... alguém quer? E um dos convidados se casou com ela. Algum tempo depois, nos dias da ceifa de trigo, Sansão resolve dar continuidade àquilo que fora interrompido. Finalmente, ele resolve ir até lá e encontrar sua esposa. Na cabeça dele, está tudo certo — pois ele não se casara com ela? Ele não tem conhecimento do que se passou na sua ausência, e não sabe que aquela que seria sua esposa foi entregue a outro. Ele segue seu caminho, levando consigo um cabrito:[4] "Sansão está prestes a acordar de sua confiança ingênua de que ele pode simplesmente apagar o passado e recomeçar".[5]

---
4 Flores? Chocolates? Um cabrito. Provavelmente uma oferta para a família.
5 Webb, *The Book of Judges*, p. 376.

Então, vemos Sansão chegando lá e o pai dela dizendo que, por acreditar que ele não mais gostava da moça, entregou-a a outro homem. Imagino a temperatura no ambiente baixando uns 15°C. Sansão havia aprontado uma "baita" confusão por essa mulher. Desagradou aos seus pais, violou seus votos, matou trinta pessoas e, então, ela foi entregue a outro homem. Mas o pai da moça ainda tenta uma saída, oferecendo a filha mais nova — segundo ele, uma jovem ainda mais interessante.[6]

A resposta de Sansão é bem simples: uma ameaça. E Sansão não é chegado a fazer ameaças vazias. Na verdade, trata-se de uma declaração. "Desta feita sou inocente para com os filisteus, quando lhes fizer algum mal." O que ele quer dizer com isso? Talvez esteja reconhecendo que, na outra ocasião, ao matar trinta homens para pegar suas vestes, ele havia cruzado uma linha que não deveria ter sido cruzada. Dessa feita, contudo, ao seu ver, ele estaria justificado no que pretendia fazer. E qual é sua vingança?

Então, ele faz algo vil e cruel: captura trezentas raposas (mais uma vez, a criação sofrendo por conta do pecado humano)[7] e as amarra a algo em que pode atear fogo. Na sequência, ele solta os animais, que, enlouquecidos por causa do fogo, se espalham pelas plantações dos filisteus.

---

6 Como acontece em muitos restaurantes em que, ao pedir Coca-Cola, o garçom te oferece Pepsi.

7 Vale ler as considerações do apóstolo Paulo em Romanos 8. Escrevi um artigo a esse respeito chamado "Sobre leões e Lamborghinis: medindo a maldade do mundo maldito". Veja em: https://reforma21.org/sem-categoria/sobre-leoes-e-lamborghinis-medindo-a-maldade-do-mundo-maldito.html.

Lembre-se de que era época da colheita de trigo. E, claro, todos aqueles animais correndo, desesperados, vão alastrando o fogo por toda parte, causando, assim, grande devastação. Há muita gente criativa para fazer o mal quando, com frequência, elas deveriam estar sendo criativas para fazer o bem.

O resultado: queimou tudo. O que era novo, o que estava a ponto de colher. Os cereais, as vinhas, os olivais. Tudo queimado, ou seja, um desastre financeiro incalculável. Vale notar que Dagom, deus dos filisteus, era um deus da agricultura, ou seja, todo esse incidente representa uma ofensa não apenas de ordem socioeconômica, mas também teológica. Deve ter havido um esforço gigantesco para tentar apagar todos esses focos de incêndio, mas eles não conseguiram. A vingança de Sansão envolveu destruir a lavoura filisteia.

É claro que, diante desses fatos, os filisteus querem saber quem é o responsável. Sansão o é. E os filisteus respondem de forma parecida, combatendo fogo com fogo, e queimam o sogro e aquela que fora a esposa[8] de Sansão. No capítulo anterior, eles já haviam ameaçado queimar a mulher... Em algum momento, você achou que essa era uma ameaça vazia? Eles são filisteus. Existe bicho-papão? Sim, e do pior tipo possível. Mas, vez ou outra, quem surge para matar o bicho-papão não é necessariamente alguém exemplar. As coisas funcionam assim.

---

8 Pobre mulher! Que vida sofrida! Nem mesmo sabemos o nome dela. Pivô de toda essa carnificina, indo da condição de ameaçada à de abandonada e depois à de queimada viva. Um dos muitos exemplos de como este mundo é vil.

Sansão não gosta nada, nada, do que aconteceu, claro. A violência está aumentando. E uma ação leva a uma reação ainda pior, de modo que Sansão resolve também "não deixar barato" e parte para a briga com eles. Sansão fere com grande carnificina, como aparece na tradução que estou utilizando. O versículo aqui traz a ideia de grande violência, embora a Bíblia não detalhe como isso se passou, mas deve envolver verbos como desmembrar, eviscerar e dilacerar. Após, o local deve ter ficado horrendo: pernas, braços, cabeças e troncos para todo lado. Sansão venceu. Sansão devastou os filisteus.

Essa não é apenas uma história sangrenta, como tantas que consumimos no cinema. Deus está agindo — até mesmo na loucura do que se passa, Deus está agindo. Quanto a nós, quando depararmos com situações extremas como essa, é importante lembrarmos que há uma história maior por trás de todas as pequenas histórias que o mundo conhece.

Deus está pondo inimizade, e esse ponto é importante. Naquele momento, os israelitas se encontravam subjugados pelos filisteus e viviam tranquilos dessa forma. Mas Deus já dissera, em Gênesis 3.15, que a história da humanidade seria envolta em inimizade, especificamente uma inimizade que perpassa toda a história: a inimizade entre a semente da serpente e o descendente da mulher. Essa inimizade se apresenta nas inúmeras tentativas do diabo de destruir a linhagem daqueles que creem nas promessas de redenção.[9]

---

[9] É possível ver isso, inclusive, na história de Ester. Veja meu livro *Ester na casa da Pérsia e a vida cristã no exílio secular* (Fiel, 2021).

Essa inimizade vai durar enquanto o mundo existir e, por vezes, revela-se de maneira mais evidente.

No caso em questão, Israel age em nome de Deus contra um povo que se rebela contra Deus. Observe que é um perigo quando os filhos de Deus se sentem muito confortáveis em meio aos inimigos de Deus. E isso fica mais abundantemente claro na sequência da história. Claro, não estamos defendendo, com isso, que arrumemos confusão com o mundo ao nosso redor. Na verdade, somos chamados a ser bons parentes, bons vizinhos e bons cidadãos. O ponto não é esse. O ponto é que, com frequência, é fácil cruzar a linha entre ser um bom cidadão e ter sido assimilado pelo mundo pagão hostil à cruz e ao Redentor. Israel estava submisso e se sentia feliz com isso. Mas ainda havia um homem que, levado pelas circunstâncias, se veria lutando contra os inimigos do Senhor.

Sem dúvida, a presente história é cheia de elementos perversos: a morte da mulher e de seu pai (o sogro de Sansão), a morte das raposas, a destruição da lavoura, mas em tudo há um Deus. A história do casamento de Sansão e o respectivo desdobramento são apenas a forma que Deus usa para agir contra os filisteus. O Senhor é capaz disso: ele toma as más intenções dos homens e extrai coisas boas que fazem avançar seu plano de redenção.

O PERIGO DO CONFORMISMO E DA AMIZADE COM O MUNDO HOSTIL

Obviamente, cada vez mais corre por Israel a notícia dos feitos de Sansão. Trinta mortos no casamento, a destruição da lavoura e, então, mais uma carnificina. Como os israelitas estavam recebendo todas essas notícias? Com uma fagulha de esperança de que talvez, mais uma vez, o Senhor tivesse levantado um juiz para livrá-los? Vejamos como segue a história.

Então, os filisteus subiram, e acamparam-se contra Judá, e estenderam-se por Leí. Perguntaram-lhes os homens de Judá: Por que subistes contra nós? Responderam: Subimos para amarrar Sansão, para lhe fazer a ele como ele nos fez a nós. Então, três mil homens de Judá desceram até à fenda da rocha de Etã e disseram a Sansão: Não sabias tu que os filisteus dominam sobre nós? Por que, pois, nos fizeste isto? Ele lhes respondeu: Assim como me fizeram a mim, eu lhes fiz a eles. Descemos, replicaram eles, para te amarrar, para te entregar nas mãos dos filisteus. Sansão lhes disse: Jurai-me que vós mesmos não me acometereis. Eles lhe disseram: Não, mas somente te amarraremos e te entregaremos nas suas mãos; porém de maneira nenhuma te mataremos. E amarraram-no com duas cordas novas e fizeram-no subir da rocha. (Jz 15.9-13)

Os filisteus vão reagir. A celeuma está aumentando: de uma briga em uma festa de casamento evoluiu para uma família filisteia queimada, lavouras incendiadas e desmembramento. Eles estão indo e resolvem que vão lutar contra Judá em Leí. Geograficamente, Judá e Dã são as tribos mais próximas do território filisteu. Mas como Judá vai reagir? Será que vão juntar coragem e ir até lá brigar? É chegada a hora. Sansão deu início; agora, nós vamos terminar.

Judá vai até lá para ver o que os filisteus estão fazendo e descobre que eles desejam vingar-se de Sansão. O problema é com Sansão; não com Judá, nem com Israel. E Judá faz o quê? Para sua vergonha, reúne três mil homens para ir até a tal rocha de Etã, onde se encontra Sansão, mas não para se juntar a ele. Eles vão até lá para prendê-lo! "Não sabias tu que os filisteus dominam sobre nós?"

Por que mexer com isso? Como assim *por quê*? Pois vocês foram tirados de baixo da bota de faraó. Vocês foram tirados do Egito para viver livres em relação aos outros homens e em sujeição tão somente ao Senhor. Pois essa é a terra que Deus deu, com mão forte e ao custo de sangue, suor e lágrimas de muitos, ao povo de Israel. Essa terra deveria ser de vocês e de seus filhos, mas vocês estão dominados pelos filisteus, um povo que serve ao falso deus Dagom. E ainda acham que está tudo bem?

Ah, Judá! O que aconteceu contigo? Lá no livro de Josué e na parte inicial do livro de Juízes, o povo de Judá está lutando; agora, porém, Judá só quer ser dominado em paz. Está louco, Sansão? Não sabe que eles mandam em nós? Webb nos lembra[10] dos ensinamentos trazidos no início do livro de Juízes. Quando o povo de Israel perguntou ao Senhor como deveria ser a conquista de

---
10 Webb, *The Book of Judges*, p. 384.

Canaã, a resposta foi que deveriam seguir Judá, e assim teriam vitória (1.1, 2). Você percebe a tragédia? A própria tribo que deveria liderar a conquista aceita, em submissão, a posição de conquistada. E eles ainda querem livrar-se do único homem que agita o barco. Esse é o povo do Senhor. Acaso eles não teriam aprendido nada? Egito e o Faraó eram muito mais poderosos que esses meros filisteus. Jonas Madureira sempre diz: "Quebre os grilhões da cela, mas não se assuste se o prisioneiro não sair. Talvez a cela seja absurdamente confortável".[11] E estava sendo exatamente assim com Judá. E com Israel como um todo. E, com frequência, é assim com a igreja também. Lamentavelmente, é comum cedermos ao mundo por ser mais fácil assim, mais confortável. Em cada era, somos tentados, de diversas formas, a ceder em nossas crenças, com a promessa de que, dessa forma, seremos amados pelo mundo e poderemos viver em paz — *suposta* paz. Na verdade, trata-se, todo o tempo, de *capitulação*.

> Os homens de Judá estão plenamente cientes do perigo que Sansão representa e, à vista de sua enorme força, eles não vão se arriscar. Assim como os filisteus montaram uma operação militar completa para encontrar e prender Sansão, agora o fazem os homens de Judá que se haviam tornado seus lacaios.[12]

---

11 Essa é uma das coisas que o Jonas, e somente ele, diz.
12 Webb, *The Book of Judges*, p. 383.

Reconheço que, muitas vezes, nós, seguidores do Senhor, parecemos muito com esses judeus aqui. Mas não julgue o Senhor pelo que nós somos, mas, sim, pelo que somos chamados a ser. Ele tem paciência conosco. O fato é que ainda não somos o que viremos a ser.

Naquele momento, Sansão, de um jeito meio atabalhoado e cheio de erros, é a única fonte de resistência aos filisteus. Ele é o único que encara o bicho-papão. De certa forma, para eles, Sansão é o próprio bicho-papão. Começou com um feudo ligado a uma mulher descrente com quem ele queria casar-se e que agora se tornou cinzas. Agora, ele, um homem sozinho, é a única parte de Israel que resiste aos filisteus. Ele mora numa fenda de rocha e, ao que tudo indica, está isolado do mundo. Mas ele é o caminho que Deus está provendo para livrar Israel.

Judá, por outro lado, prefere uma vida de escravidão. E eles falam a Sansão: "Descemos [...] para te amarrar, para te entregar nas mãos dos filisteus". Sansão não arruma confusão, ele vai se deixar prender, mas lhes pede apenas que jurem que não vão matá-lo, mas tão somente entregá-lo aos filisteus.[13] E eles vão nessa "conversinha fiada" de não matar, de só entregar Sansão bem amarradinho aos filisteus. Ou seja, é uma sentença de morte — e todo mundo sabe disso. Como bem nota Dale Ralph Davis, eles não pensam duas vezes em se mostrar infiéis ao Senhor, mas são firmes em servir aos filisteus.[14]

---

13 Quem já assistiu a muitos filmes bem sabe que, quando o herói bom de briga se deixa amarrar, é porque tem um plano.
14 Dale Ralph Davis, *Judges: Such a great salvation* (Fearn, Ross-shire: Christian Focus, 2015). Veja todo o capítulo 18, para uma afiada discussão sobre o assunto.

Pois Judá acredita que aquela suposta paz é, de fato, paz. Mas não é. Estar debaixo do domínio do mundo pagão não é paz, mas, sim, prisão. Mas Judá se esqueceu disso, assim como o restante de Israel. Eles nem mesmo têm clamado ao Senhor por libertação; limitaram-se a seguir de um tempo para o outro.

Se queres paz, prepara-te para a guerra. A inimizade do mundo é real e, em alguns momentos, surge com maior intensidade. Não são poucas as regiões do mundo em que declarar-se publicamente cristão é uma sentença de morte. A história da Igreja é a história de mártires. O ponto é que, desde o início dos tempos, o povo de Deus vem sendo odiado em todo o mundo, ou seja, desde que Caim, que era do Maligno, resolveu dar sangue humano para a terra beber. Mas nós devemos ansiar pelo fim da maldade, ainda que, para isso, tenha de haver conflito. Esse anseio aparece de forma marcante na oração de nosso Senhor, quando ele diz: "Venha o teu reino". Você já parou para pensar em tudo que está envolvido nessa petição? Eu aprecio muito a forma como o *Breve Catecismo de Westminster* expõe o assunto:

PERGUNTA 102. Pelo que oramos na segunda petição?

R. "Na segunda petição, que é: 'Venha o Teu reino', pedimos que o reino de Satanás seja destruído e que o reino da graça seja adiantado; que nós e os outros a ele sejamos guiados e nele guardados, e que cedo venha o reino da glória".

Nós pedimos que o mal seja vencido. Pedimos que o bem triunfe de uma vez por todas. Sim, por vezes nossas contribuições na luta são até muito boas, e a situação é tal que vivemos em paz e tranquilidade. Graças a Deus por isso! Porém, não devemos esquecer-nos da história, que, a toda prova, é regada de sangue. No Antigo Testamento, foram muitas as vezes em que o povo do Senhor teve de pegar em armas contra o mal. E, do mesmo jeito que Judá desonra o sangue dos que lutaram pela terra, nós também fazemos isso quando nos calamos diante das forças que se levantam contra nosso Deus.

Hoje, nossa luta não é contra carne ou sangue. Mas, ainda assim, há luta. Costumamos esquecer o preço que foi pago para que, hoje, pudéssemos estar aqui. Por vezes, ansiamos tanto pela aprovação da cultura em que vivemos que passamos a evitar as questões conflituosas. Somos como os de Judá: domados, dominados, gente na coleira e usando focinheira. Gente que, rapidamente, tenta amarrar qualquer um do povo de Deus que faça barulho e incomode os poderosos no entorno. É bem difícil ter sabedoria para lidar com situações tais e, por vezes, nós erramos. Mas o princípio tem de estar muito bem firmado em sua mente.

O povo de Deus sempre tem de viver nessa tensão e tentar navegar por esses mares bravios. Sempre temos de buscar do Senhor a sabedoria. Há situações em que não temos de nos envolver, mas também há aquelas em que deixar para lá é o mesmo que negar o que somos e o que Deus nos chamou para ser. Com frequência, o silêncio significa esquecermos que somos de Cristo, que ele nos resgatou. Mas, ainda quando fraquejamos, as boas-novas se fazem presentes.

O SENHOR DESTRÓI O MAL

Como toda a situação de Sansão vai se desdobrar? Lá está ele amarrado — amarrado como ovelha seguindo para o matadouro. Os filisteus estão a caminho para pegá-lo e estão felizes da vida com isso. Jubilosos. Finalmente, é chegado o dia da alegria:[15] "Vamos matar aquele que tanto nos incomodou!". Imagine os pensamentos e as palavras de ordem: "Agora vamos vingar nossa lavoura! Vamos acabar com esse homem que matou nossos irmãos! Como um de Israel ousa levantar-se contra nós, poderosos filisteus?".

Na sequência, Sansão é entregue aos filisteus. O que o aguarda? Uma morte rápida e indolor? Claro que não. Afinal, eles são filisteus, gente que, pouco tempo antes, queimou uma mulher inocente, uma mulher de seu próprio povo.

Será que Sansão vai escapar? Parece que ele se entregou com muita facilidade, não? Parece que ele está confiante... será que ele tem um truque para deslocar o ombro e, assim, libertar-se das amarras? Ou talvez deslocar o dedão... ou será que ele tem uma lâmina guardada dentro de sua boca?

Lembre-se de que Sansão não é naturalmente forte — na verdade, *sobrenaturalmente* forte. Vejamos a história:

---

[15] Isso me faz lembrar da cena em "O leão, a feiticeira e o guarda-roupa", de C. S. Lewis, em que as forças do mal estão em júbilo por haverem capturado alguém muito importante e poderoso.

> Chegando ele a Leí, os filisteus lhe saíram ao encontro, jubilando; porém o Espírito do SENHOR de tal maneira se apossou dele que as cordas que tinha nos braços se tornaram como fios de linho queimados, e as suas amarraduras se desfizeram das suas mãos. Achou uma queixada de jumento, ainda fresca, à mão, e tomou-a, e feriu com ela mil homens. E disse: Com uma queixada de jumento um montão, outro montão; com uma queixada de jumento feri mil homens. Tendo ele acabado de falar, lançou da sua mão a queixada. Chamou-se aquele lugar Ramate-Leí. Sentindo grande sede, clamou ao SENHOR e disse: Por intermédio do teu servo, deste esta grande salvação; morrerei eu, agora, de sede e cairei nas mãos destes incircuncisos? Então, o SENHOR fendeu a cavidade que estava em Leí, e dela saiu água; tendo Sansão bebido, recobrou alento e reviveu; daí chamar-se aquele lugar En-Hacoré até ao dia de hoje. Sansão julgou a Israel, nos dias dos filisteus, vinte anos. (Jz 15.14-20)

Pois é. Um "baita" massacre e tudo isso com o uso de uma queixada! Webb explica que, por ser um osso ainda fresco, não estaria quebradiço, como costuma acontecer com os ossos mais antigos. E provavelmente ainda estava cheia de sangue e pelos, além de outras coisas que não sabemos...[16] "Eles não consideraram o Espírito do SENHOR. Os filisteus nunca o fazem."[17] O Espírito do Senhor de tal maneira se apossou dele que as cordas novas, fortes e boas

---

16 Webb, *The Book of Judges*, p. 389.
17 Davis, *Judges*, p. 181.

se tornaram como fios de linho queimado! As amarraduras se desfizeram em suas mãos. Sansão não tinha espada nem lança. Mas havia ali uma queixada de jumento ainda fresca, cheia de dentes. E ele tomou aquilo como uma arma. Sansão, então, se viu solto e armado. Mas, do outro lado, eram centenas deles. Sim, centenas de cadáveres. Mil homens... Mil homens! Milhares de litros de sangue espalhados por Ramate-Leí.

Veja o padrão, algo que se repete. Os filisteus acreditam que se deram bem e, então, cai tudo sobre suas cabeças. Eles achavam que tinham vencido lá atrás, com aquela história de "o que é o que é"... e morreram trinta. Então, o pai da noiva acha que está tudo resolvido. E estava? Depois eles acham que têm Sansão sob controle. Mas Sansão é um homem indomável, pois, quando o Espírito do Senhor está com ele, ele é invencível.

Sansão clama ao Senhor — a propósito, essa é a primeira vez que vemos registro desse fato. Ele fala com YAHWEH: "Por intermédio do teu servo, deste esta grande salvação; morrerei eu, agora, de sede e cairei nas mãos destes incircuncisos?". Sansão não anda lá muito bem, do ponto de vista espiritual. Porém, ele reconhece, nessa passagem, que foi instrumento de Deus. Isso, em geral, acontece com o povo do Senhor. Mesmo andando com o coração frio, com o coração longe, ainda temos em nós o reconhecimento de que Deus segue agindo. E, mesmo que andemos distantes de seu caminho, ainda somos capazes de lembrar que ele age. Podemos clamar por seu amor e por sua atuação. Nossas orações não são atendidas com base em nossos méritos, nem em nosso calor espiritual interno, mas, sim, nos méritos de Jesus Cristo.

No caso de Sansão, o Senhor abre uma fenda de onde sai água e, então, Sansão renova suas forças. O Senhor é com ele da mesma forma que fora no deserto com Israel. Um povo que nunca mereceu, mas que recebeu cuidado sobrenatural do Todo-poderoso. É o mesmo Deus, o mesmo Deus santo e poderoso. Nós, como tolos, é que nos esquecemos disso. O povo não está lá muito bem e até mesmo nosso herói está mais para anti-herói, mas o Senhor é confiável. En-Hacoré — fonte do que clama — passa a ser o nome daquele local. Imagine que maravilha seria dar uma passadinha nessa fonte de vez em quando e se alegrar naquilo que o Senhor agiu? Existem belos memoriais nas Escrituras. E nós temos, é claro, no sacramento da Santa Ceia algo que nos faz lembrar da maior das vitórias do Senhor.[18]

O texto ainda diz que, nos dias dos filisteus, Sansão julgou Israel por vinte anos. Como você acha que essa notícia atingiu o povo de Judá? Será que se animaram ou não? Pois é fato que eles estavam totalmente entregues ao domínio opressor filisteu. Quanto de esperança se acendeu em seus corações?

Veja alguns pontos de destaque. Essa história nos lembra de que não faltam recursos ao nosso Deus. O Senhor

---

18 Como pastor presbiteriano, entendo que a Santa Ceia é mais do que apenas um memorial. Mas, de qualquer forma, não é menos que isso.

ri dos planos dos ímpios, daqueles que buscam destronar seu Messias e destruir sua Igreja. O Salmo 2 enuncia poderosamente:

> Por que se enfurecem os gentios e os povos imaginam coisas vãs? Os reis da terra se levantam, e os príncipes conspiram contra o Senhor e contra o seu Ungido, dizendo: Rompamos os seus laços e sacudamos de nós as suas algemas. Ri-se aquele que habita nos céus; o Senhor zomba deles. (Sl 2.1-4)

São muitos os que odeiam o Senhor Deus e desejariam seu fim. Mas todos esses são meras criaturas. Até mesmo os anjos rebeldes não passam de criaturas que se opõem ao Deus criador. Deus ri das tentativas de seus inimigos e dos inimigos de seu povo. As tentativas de vencer o Senhor e seu Ungido são todas vãs e dignas de risada. Não, porém, no sentido de serem inofensivas, pois muita gente já perdeu a vida, a família, a subsistência e a liberdade por causa da perseguição contra o povo de Deus. Mas, mesmo então, podemos sorrir, pois temos a confiança de que o povo de Cristo não pode ser vencido. Nós existiremos para sempre, pois estamos unidos ao Senhor. O corpo de Cristo é indestrutível.

Eis aqui outra verdade que devemos considerar com carinho: nós somos um povo que enfrenta o mal. Isso se dá, claro, de muitas formas e em contextos bem diferentes. Mas nós somos um povo que vem enfrentando o mal desde que o primeiro de nós, Abel, teve seu sangue derramado. Não somos um povo que fecha os olhos para o mal. O sangue de nossos pais exige isso. Que não sejamos, portanto, como Judá! O sangue de nossos pais que sangraram no coliseu, nas catacumbas, nas prisões, nas selvas, nas ilhas, nas cidades... o sangue de nossos irmãos exige que não nos conformemos. O sangue de nosso rei garante que a luta nunca será vã.

E essa luta pode ocorrer de muitas formas: seja em situações historicamente famosas, como, por exemplo, William Wilberforce lutando contra a escravidão; seja ainda em outras situações menos conhecidas. Recentemente, aprendi[19] que, no tempo de Agostinho, a igreja usava seu dinheiro para comprar a liberdade de escravos! Certa feita, em Hipona, os membros de sua igreja atacaram um navio de escravos e libertaram mais de cem! Existem muitas formas de o mal ser enfrentado neste mundo vil. Já houve pessoas que disseram *não* ao mal, sob risco de sua própria integridade; pessoas que impediram um assalto, um estupro, um abuso, uma propina; pessoas que, em razão de sua presença, de uma palavra ou de uma ação, refletiram a luz no meio das trevas. Quem mata o bicho-papão? Cristo — e, algumas vezes, também os seus, que ajudam os necessitados em seu nome. É uma honra agir como luz iluminando as trevas, como sal curando o mundo.

---

19 James K. A. Smith, *Na estrada com Agostinho* (Rio de Janeiro: Thomas Nelson Brasil, 2020).

Sansão age como uma prévia de Cristo. Em que sentido? Jesus parece ser o oposto de Sansão em tudo! Sim, existem muitos contrastes: Jesus é sábio; Sansão é tolo. Jesus é comedido; Sansão é impulsivo; Jesus segue as leis de Deus; Sansão, não. Mas, até mesmo no negativo, a gente aponta para ele. E há um quê interessante de similaridade, até mesmo paralelos positivos. Como? Sansão é enviado por Deus e cheio do Espírito de Deus para destruir as obras das trevas. Cristo, igualmente, veio para destruir as obras das trevas (1Jo 3.8). Jesus deu prévias disso nos evangelhos, expulsando demônios, seres que, por sinal, sabiam que chegaria o dia em que seriam punidos. Além disso, o Espírito do Senhor era com Jesus para agir de uma forma ainda mais impressionante do que a de Sansão: a de ser amarrado e permanecer amarrado. Pois, naqueles dias, aquilo de que Israel precisava era que Sansão rompesse as cordas e esmagasse os inimigos de Judá. Séculos depois, aquilo de que Israel precisava em relação a Cristo é que ele permanecesse amarrado e fosse levado à cruz para ser morto por seus inimigos. Cristo e Sansão são entregues ao poder dominante da época por seu próprio povo. Jesus Cristo, de uma forma muito mais gloriosa, vence as forças do mal por meio de sua morte. Seu triunfo se dá em sua morte. Quem, então, venceu o bicho-papão?

UMA BATALHA MILENAR
Há uma história de inimizade, um conflito que perpassa toda a história humana. Essa história teve início quando o

diabo enganou o primeiro Adão. O plano vil era que, com isso, a humanidade inteirinha morresse. Há toda uma história conflituosa em relação aos que seguem a serpente, tentando abafar e destruir os que seguem o Senhor. Essa história se mostra com mais ou menos calor, mas está sempre lá, pois é a história do mundo. A história de uma inimizade, de uma guerra feroz. Algumas vezes, ela parece estar mais contida, mas se faz sempre presente.

Chamo você a participar dessa história do nosso lado. Você, você que não segue Cristo. Você já considerou unir-se ao homem que veio para vencer o mal?

O povo dele também é assim. Essa é a nossa vocação. Por vezes, o povo do Senhor se esquece dela e acredita que há amizade com os que odeiam o Messias. De vez em quando, nós somos, rude ou gentilmente, lembrados da realidade do mundo. Mas não nos esqueçamos: nós seguimos aquele que veio para destruir as obras do diabo, aquele que veio para iluminar a escuridão, aquele que veio morrer sangrando para que nós fôssemos libertados do destino que aguarda todos os que não se arrependem. Ele foi amarrado como ovelha, sim. Mas ele é um leão e, um dia, sua força será conhecida — uma força de fazer o velho Sansão, admirado, sorrir.

O mal tinha de ser vencido e, nesse grande e último caso, somente por meio dessa morte isso seria possível. Para vencer de uma vez por todas, Jesus não rompeu as cordas, embora pudesse fazê-lo. Ele não chamou a legião de anjos para desmembrar e dilacerar soldados romanos, embora pudesse fazê-lo. Ele não retirou os cravos e a coroa e desceu da cruz, embora ele fosse capaz disso.

Para vencer o bicho-papão do pecado, da morte e do diabo, ele tinha de agir perfeitamente. E Jesus o fez, até a morte. A maldade do mundo vai aumentando e isso está sempre evidente. E nossos esforços para apagar os incêndios parecem não prosperar, tantas e tantas vezes.

Somos, na verdade, um povo que luta contra as trevas. O desafio é fazermos isso sem nos tornarmos, nós também, cheios de sombras. Pois, assim como ocorreu com Sansão, a capacidade para o mal está bem aqui dentro de mim — e eu sei que dentro de você também. O chamado do discípulo de Cristo é para vencer o mal com o bem. Ele já está fazendo isso e logo terminará.

Venha o teu reino!

Você pode orar comigo pedindo isso?

JUÍZES 16.1-22
DUM SPIRO SPERO
ENQUANTO RESPIRO, TENHO ESPERANÇA

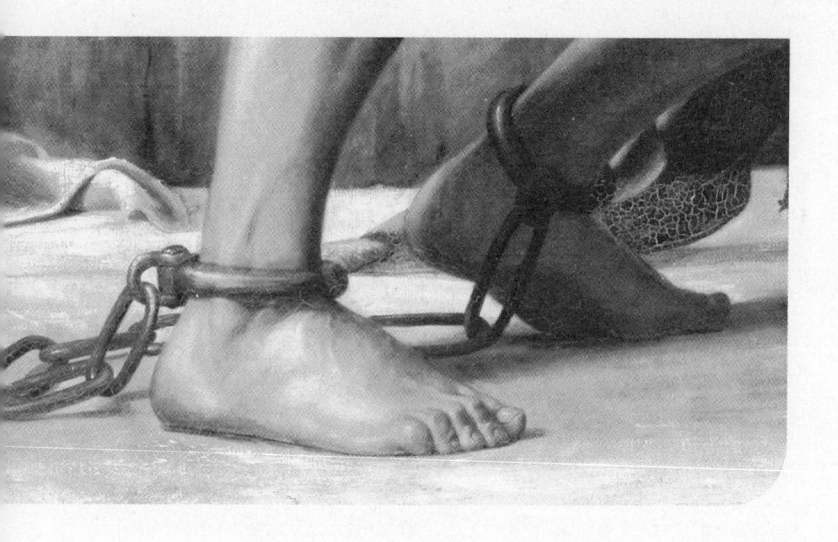

"O povo da cidade acorda para vê-la, pois,

Quando ela sorri, todos sentem o poder.

O homem forte, as crianças e até os covardes,

Sabem que Jade é a mulher do momento."

Jade, canção de Ed Sharpe

"Feche seus olhos

Ouça minha voz, é meu disfarce

Eu estou ao seu lado."

Hey there Delilah, canção de Plain White Ts

"Sua fé era forte, mas você precisava de prova.
Você a viu se banhando no telhado
A sua beleza e o luar destruíram você.
Ela o amarrou a uma cadeira da cozinha,
Quebrou seu trono e cortou seu cabelo."

Leonard Cohen, misturando um pouco as histórias em *Hallelujah*

Como escapar quando estamos em apuros? Todos nós temos experiência de situações em que nos vimos em perigo. Seja um pneu furado na hora do *rush* ou, o que é pior, num lugar perigoso, no meio da madrugada. Como escapar de uma situação difícil? Na história, temos famosos *escape artists*, como o grande Harry Houdini, que se colocava intencionalmente em situações perigosíssimas para escapar e, assim, partir para a glória. É uma situação comum e tem virado jogo.

Escape Room. É uma das febres do momento em vários países do mundo. Você já ouviu falar? Trata-se de um ambiente do qual você tem um tempo X para escapar com sua equipe. É um jogo em que um grupo é colocado em uma sala e tem uma hora, cronometrada, para sair. O local é cheio de pistas e de diversos objetos, enigmas e outras coisas que o auxiliam a escapar. Você se vê preso e, então, tem de sair dessa encrenca. As salas variam enormemente em função do tema. Por exemplo:

- Cavaleiros medievais presos em uma masmorra; e você tem uma hora para, percorrendo a sala em busca de detalhes, encontrar um meio de sair antes da hora de sua execução;[1]
- Investigadores em um hotel tentando desvendar um assassinato;
- Cientistas que têm apenas uma hora para descobrir a cura para um vírus letal;
- Forças especiais que têm uma hora para desarmar uma bomba.

E assim por diante. Outros vão mais para o lado do terror mesmo.[2] Existem algumas apresentações em que você é um prisioneiro de um *serial killer* e tem uma hora para escapar antes que ele volte. Cruzes!

É tudo muito bem-feito e divertido. Uma experiência de imersão e comunhão. Os desafios são ranqueados em níveis de dificuldade. Existem salas para muitos jogadores, para grupos de até dez jogadores e outras para equipes menores.

Noutro dia, joguei e fiquei pensando em como a ideia de escapar é, em si, algo excitante, algo que traz consigo um misto de medo e prova de si mesmo, de sua capacidade de pensar, de agir rápido, de perceber as coisas e de trabalhar em equipe. Claro, tratando-se apenas de uma simulação,

---

[1] Ao jogar nessa sala aqui em Brasília, meu Sansão Tércio quase quebrou o cenário, sendo, então, advertido pelo monitor.
[2] Tenho facilmente pesadelo com essas coisas. Tenho, inclusive, evitado essas mais voltadas ao terror.

você não fica tão assustado. Mas o fato é que os princípios estão lá presentes.

Há pessoas, contudo, que apreciam envolver-se em encrenca e, em seguida, tentar escapar delas, correndo riscos reais, e não apenas simulados num jogo. Gente que gosta de se atirar de um avião com paraquedas, que gosta de subir montanha presa por uma cordinha, e assim por diante. Às vezes, são coisas até mais complicadas, além de moralmente erradas. Pois não há, eu acho, nada de imoral em se atirar de um avião de paraquedas. Você conhece alguém assim? Sansão é alguém assim. E Israel também.

Webb observa que é a segunda vez que Sansão se interessa por uma mulher, que ela o engana e que, no final das contas, ele arrebenta os filisteus.[3] O que aprendemos com isso? Que nós somos, sim, tolos o suficiente para repetir nossos erros mais graves. E sim, Deus continua na sua soberania usando até mesmo nossos erros para avançar em seu plano de redenção. Seu amor é irrepreensível.

Escapar. Como escapar? Como o povo de Deus vai escapar da masmorra na qual ele mesmo se colocou? Como Sansão vai escapar das encrencas em que, repetidas vezes, ele se mete? Como a própria humanidade escapará da enrascada em que se meteu quando Adão e Eva comeram daquele fruto? Muitas vezes, nós tentamos, mas a bela verdade é que nem mesmo a tolice do homem impede a obra do Senhor, embora traga consequências para sua vida.

---

3 Webb, *The Book of Judges*, p. 360.

A TOLICE CONTUMAZ DO QUE DEVERIA SER SÁBIO
Vamos iniciar nosso capítulo. Temo dizer que ele não acaba bem. Na verdade, nem mesmo começa bem.

> Sansão foi a Gaza, e viu ali uma prostituta, e coabitou com ela. Foi dito aos gazitas: Sansão chegou aqui. Cercaram-no, pois, e toda a noite o esperaram, às escondidas, na porta da cidade; e, toda a noite, estiveram em silêncio, pois diziam: Esperaremos até ao raiar do dia; então, daremos cabo dele. Porém, Sansão esteve deitado até à meia-noite; então, se levantou, e pegou ambas as folhas da porta da cidade com suas ombreiras, e, juntamente com a tranca, as tomou, pondo-as sobre os ombros; e levou-as para cima, até ao cimo do monte que olha para Hebrom. (Jz 16.1-3)

Vocês já viram que esta seção termina mal, não é? Mas vamos com calma! Estamos estudando a história de Sansão, o último dos juízes. E esse é, como já dito, um período complexo na história do povo de Deus. Uma época em que o povo do Senhor serviu a falsos deuses e foi subjugado por povos pagãos. Nesse período, eles estavam sob o jugo dos temíveis filisteus, inimigos poderosos, temidos e perversos, além de adoradores do deus Dagom. Mas Israel não estava mais lutando; todo o Israel, de fato, estava bem resignado. Vimos isso no capítulo anterior, quando os homens de Judá preferem entregar Sansão aos filisteus a lutar.

Vimos, ao longo dos capítulos, acompanhando a história de Sansão. "O que é o que é?": um homem chamado por Deus para libertar seu povo dos filisteus, que faz um monte de coisa errada, mas, ainda assim, está levando adiante os planos divinos? Sansão tem sido um cabeça-dura e tanto. Um homem que tem errado — e errado muito. E aprouve ao Senhor Deus utilizá-lo. Deus faz isso. Deus usa as coisas fracas e as que não são para envergonhar as que são (1Co 1.26-29). Na época dos juízes, havia homens valiosos? Ou seriam todos como Sansão? Havia gente valorosa? Sim! Boaz, por exemplo, a quem conhecemos da história de Rute, que também se passa no período dos juízes.[4]

Boaz era um homem correto e justo. Não sabemos exatamente em que época dos juízes se passa a história. Mas não foi Boaz, nem alguém bondoso como Boaz. Deus usou Sansão. Com isso, não estou querendo diminuir a importância da piedade, da santidade ou da justiça pessoal. Claro que não. Busco apenas mostrar que Deus não está limitado nem mesmo pela santidade de seus servos. Deus não está preso, tentando escapar de uma sala na qual nosso pecado o limita em seu agir. E como Paulo nos lembra em Coríntios, Deus chama muitas vezes as pessoas mais improváveis. Desse modo, fica bem claro que a glória é dele. Será que Sansão está tão mal assim?

Observe. No último capítulo, vimos uma grande confusão. Sansão ateou fogo na lavoura dos filisteus; matou e desmembrou um monte de gente; foi capturado pelos judeus

---

[4] Escrevi um livro sobre Boaz e Rute! O já mencionado *Redenção nos campos do Senhor: as boas-novas em Rute*.

e levado, amarrado, para ser morto pelas autoridades de sua época. E agora? Não sabemos quanto tempo se passou, mas o fato é que, aparentemente, ele não mudou em nada.

Sansão vai até Gaza e dorme com uma prostituta. Gaza é a principal das cidades dos filisteus. Simples assim. Foi lá, viu e dormiu. Temos visto esse padrão em Sansão: ele vê, gosta e toma para si,[5] não lhe importando se a atitude está correta ou não. Foi assim com sua noiva filisteia e com o mel no leão. É assim que o texto nos apresenta esse homem.

Veja quão triste é a situação! Primeiro, o que ele está fazendo em Gaza? O texto não diz. Trata-se, na verdade, de um território filisteu, mas claramente ele não está indo lutar contra os filisteus. Teria ido até lá para provocar algum filisteu? Não sabemos. Lembre-se de que há inimizade entre Sansão e os filisteus, pois, lá no monte da queixada, caíram mil filisteus mortos. E corre a notícia de que Sansão está por lá. O que eles querem? Matar Sansão, claro! Ele, certamente, está na lista dos mais procurados pelo governo filisteu. Deve haver uma recompensa por sua cabeça. Então, a turma vai até lá, cerca o local e fica de guarda! O plano é esperar o momento propício para atacar. Não sei que

---

5 Creio que vale mencionar que talvez as traduções que trazem "coabitou com ela" tenham sido excessivamente interpretativas. O original fala de ele entrar para dormir na casa da prostituta. Vale lembrar que, no livro de Josué, os espias em Canaã fizeram o mesmo na casa de Raabe, e as traduções não interpretaram dessa forma. Talvez o que já aprendemos a esperar de Sansão tenha influenciado a tradução. Para uma boa discussão, veja o artigo de Miles Van Pelt, "O que Sansão estava fazendo com uma prostituta em Gaza?". Disponível em https://coalizaopeloevangelho.org/article/o-que-sansao-estava-fazendo-com-uma-prostituta-em-gaza/. Devo admitir que me intriga a sugestão de Miles Van Pelt, de que foi, como os espias que ficaram na casa de Raabe em Jericó, uma espécie de missão de investigação para a futura destruição dos inimigos.

loucura se passa na cabeça desses homens de achar que, dessa vez, vencerão Sansão, mas é assim mesmo. Os inimigos do Senhor e de seu Ungido sempre acham que, na próxima, levarão a melhor. Dessa vez, eles não saem atacando e se mostram mais cuidadosos.[6] E Sansão? O tolo está em uma situação difícil. Por causa de seu pecado e de sua rebelião. Ele está na casa da mulher, de noite, numa cidade murada. O que fazer? Ele está cercado e em uma força sobrenatural. Então, ele não espera até o amanhecer, sai à noite e arranca os pesadíssimos portões da cidade — e não somente os arranca, como também os leva embora consigo!

Sempre fui apaixonado pelas histórias em quadrinhos de Asterix, o Gaulês,[7] que se passam em uma vila de gauleses que resistiam à ocupação romana. E eles conseguiram resistir porque, além de muito espertos, contavam com um druida que preparava uma poção mágica que lhes dava superforça. Um dos gauleses, o enorme Obelix, caiu no caldeirão da poção quando ainda pequeno e, com isso, tornou-se permanentemente superforte. Ele vivia andando para lá e para cá com um menir, um bloco gigantesco de pedra de centenas de quilos nas costas. E Obelix parece um "bebezão". Sua maturidade, sua capacidade de entender e lidar com as coisas, está bem aquém de sua força. Sansão também é assim: tem uma maturidade que fica muito aquém de sua força física. E é isso que Sansão faz! Age

---

6 Webb, *The Book of Judges*, p. 394.
7 Mais um legado de meu pai, Emilio Garofalo Filho.

como Obelix, resolvendo as encrencas à volta com sua força descomunal e pronto! Ele é cercado pelos de Gaza, pois essa turma acha que vai dar conta de Sansão — o fato é que o mal sempre acha que vai dar conta de tudo. Mas, dessa vez, ele resolve não lutar.

Ele leva os portões embora, com tranca e tudo. E eles são pesadíssimos. Sansão carrega até mesmo a colina de frente para Hebrom. Esses portões eram portas duplas de madeira, madeira grossa, presa com mais madeira numa tranca e pedra. Estamos falando de percorrer muitos quilômetros, mais de sessenta, com os portões nas costas. Cada porta, estima-se, pesava mais de duzentos quilos. Um feito hercúleo, "obelixístico", "sansônico". Mas qual é a importância disso, além, claro, de ser uma enorme demonstração de força? Miles Van Pelt explica:

> No mundo antigo da Bíblia, as portas de uma cidade eram cruciais para sua defesa. Sua destruição simbolizava a destruição da cidade. Lembre-se do lamento da queda de Jerusalém em Lamentações 2.9: "As suas portas caíram por terra; ele quebrou e despedaçou os seus ferrolhos". (Veja também Jr 51.30; Am 1.5.)

Mas essa não é toda a história. Aqui, o significado real das portas é que Deus, por intermédio de Sansão, continua a ser fiel às promessas que fez aos Patriarcas. Para Abraão, em Gênesis 22.17 (ARC), Deus promete: "e a tua semente possuirá a porta dos seus inimigos" (veja também Gn 24.60).

Nesse texto, portanto, Sansão é uma figura da fidelidade de Deus para com o povo de sua aliança, para fazer por eles o que eles, repetidas vezes, deixam de fazer por si mesmos: "para possuir a terra e todas as boas promessas de Deus".[8] Deus está agindo — por intermédio de Sansão e apesar de Sansão. Ele escapa pela misericórdia de Deus, que ainda o mantém forte. Mas é uma tolice gigantesca! Dormindo com prostitutas, o que já seria algo suficientemente mal e pecaminoso... e ainda se colocando no risco de ir fazer isso em Gaza! Parece Israel, não? Note como Israel se parece muito com Sansão. A Bíblia compara a idolatria à prostituição espiritual. Israel tem, por assim dizer, se deitado com os deuses filisteus em Gaza, Asquelom e muito mais. E o Senhor vem livrando Israel. E Israel segue. Com frequência, a Igreja também é assim.

A TOLICE DE FLERTAR COM A IDOLATRIA

Vejamos como a história avança, lendo o restante do capítulo:

> Depois disto, aconteceu que se afeiçoou a uma mulher do vale de Soreque, a qual se chamava Dalila. Então, os príncipes dos filisteus subiram a ela e lhe disseram: Persuade-o e vê em que consiste a sua grande força e com que poderíamos dominá-lo e amarrá-lo, para assim o subjugarmos; e te daremos cada um mil e cem siclos de prata. Disse, pois, Dalila a

---

[8] Van Pelt, "O que Sansão estava fazendo com uma prostituta em Gaza?". Disponível em: https://coalizaopeloevangelho.org/article/o-que-sansao-estava-fazendo-com-uma-prostituta-em-gaza/

Sansão: Declara-me, peço-te, em que consiste a tua grande força e com que poderias ser amarrado para te poderem subjugar. Respondeu-lhe Sansão: Se me amarrarem com sete tendões frescos, ainda não secos, então me enfraquecerei, e serei como qualquer outro homem. Os príncipes dos filisteus trouxeram a Dalila sete tendões frescos, que ainda não estavam secos; e com os tendões ela o amarrou. Tinha ela no seu quarto interior homens escondidos. Então, ela lhe disse: Os filisteus vêm sobre ti, Sansão! Quebrou ele os tendões como se quebra o fio da estopa chamuscada; assim, não se soube em que lhe consistia a força. Disse Dalila a Sansão: Eis que zombaste de mim e me disseste mentiras; ora, declara-me, agora, com que poderias ser amarrado. Ele lhe disse: Se me amarrarem bem com cordas novas, com que se não tenha feito obra nenhuma, então, me enfraquecerei e serei como qualquer outro homem. Dalila tomou cordas novas, e o amarrou, e disse-lhe: Os filisteus vêm sobre ti, Sansão! Tinha ela no seu quarto interior homens escondidos. Ele as rebentou de seus braços como um fio. Disse Dalila a Sansão: Até agora, tens zombado de mim e me tens dito mentiras; declara-me, pois, agora: com que poderias ser amarrado? Ele lhe respondeu: Se teceres as sete tranças da minha cabeça com a urdidura da teia e se as firmares com pino de tear, então me enfraquecerei e serei como qualquer outro homem. Enquanto ele dormia, tomou ela as sete tranças e as teceu com a urdidura da teia. E as fixou com um pino de tear e disse-lhe: Os filisteus vêm sobre ti, Sansão! Então, despertou do seu sono e arrancou o pino e a urdidura da teia. (Jz 16.6-14)

Como avança a história mesmo? Ora, ter sido cercado em Gaza deveria ter feito Sansão pensar que não é, nem de longe, uma boa ideia ir para o território filisteu, certo? Sansão não aprende mesmo! Ele não está vendo como só piora, mostrando-se em uma espiral descendente. Ele acredita que é uma boa ideia ficar circulando entre os pagãos. A história segue e, mais uma vez, Sansão se apaixona por uma filisteia. Dessa mulher, sabemos o nome, Dalila, da região do Vale de Soreque.[9] Assim como fora com Salomão, o coração de Sansão amava as mulheres estrangeiras, e isso perverteu seu coração.[10]

Mais uma vez. Enamorado por uma mulher pagã, servindo ao seu coração. Sansão não aprende? Um coração aprendiz é algo essencial na vida cristã. Sansão não parece ter um. Ele está aqui, muitos anos depois do desastre de seu casamento cheio de mortes e charadas, seguindo no mesmo rumo. Errar, sim, todo mundo erra. Mas crescimento? Isso, poucos têm. E Israel tem sido assim. Se você acha Sansão tolo por causa desses ciclos, dessas repetições, observe que o próprio povo de Deus tem feito isso no livro inteiro. Sempre parece, vez após vez, a mesma história, embora mudem alguns detalhes. Conosco, não é tão diferente assim. Parece que a Igreja como um todo tende, ao longo da história, a repetir certos erros, tendências e idolatrias.

---

9 O significado do nome Dalila é incerto. Webb (*The Book of Judges*, p. 398) traz algumas possíveis conexões, como, por exemplo, com o árabe *dallatum*, termo que aponta para "flertar". Existem várias outras sugestões, mas nenhuma delas é conclusiva.

10 Cf. Cundall, Arthur, *Juízes e Rute: introdução e comentário* (São Paulo: Edições Vida Nova, 1986), p. 267.

Nesse contexto, claro, de novo os filisteus vão até a mulher para tentar descobrir algo de Sansão. Esse é um eco da história que já vimos. Sansão é o mesmo. O ponto fraco dele é o mesmo. Então, os homens — na verdade, príncipes e líderes poderosos dentre os filisteus — abordam Dalila com uma proposta. Na última ocasião fora por meio da ameaça àquela mulher; agora, porém, é por meio de uma oferta de dinheiro. A proposta é bem simples: se Dalila descobrir a fonte da força de Sansão, será recompensada com muito dinheiro — um mil e cem siclos de prata de cada um deles.

Não sabemos quantos eram esses príncipes, mas, ainda que fossem apenas dois, já seria muito dinheiro. Em Juízes 3.3, lemos sobre cinco príncipes filisteus, talvez fosse algo assim. E que quantia é essa? É claro que tentar atualizar essas coisas para os dias de hoje sempre é um pouco difícil. Alguns falam que isso seria o equivalente a séculos de trabalho para um trabalhador braçal. Mil e cem siclos, sendo que um trabalhador recebia cerca de apenas dez por ano. E isso por príncipe! A oferta é, na verdade, para que Dalila se torne milionária. Esse é o tamanho do desespero e do ódio dos filisteus por Sansão. Dalila topa. "Ela é tão mercenária quanto a prostituta de Gaza, embora muito mais sofisticada e letal."[11] Veja que o relacionamento que, supostamente, é amoroso, na verdade é utilitário. Sansão quer dela o corpo e o que vem com isso;

---

11 Webb, *The Book of Judges*, p. 400.

Dalila, por sua vez, vê nele uma fonte de lucro. Ela vai tentar descobrir. Vai, sim! E ele vai brincar com ela. Vejamos novamente o verso 6:

> Disse, pois, Dalila a Sansão: Declara-me, peço-te, em que consiste a tua grande força e com que poderias ser amarrado para te poderem subjugar. (Jz 16.6)

Veja como ela faz o pedido! Tem algum jeito de amarrá-lo que nem mesmo com sua força toda você escaparia? Dalila, por toda a sua fama, não é lá muito sutil. Você não ficaria com uma pulga atrás da orelha?[12] Sansão retruca: Por quê? Talvez seja a cegueira de seu pecado. Talvez a cegueira esteja mais relacionada à arrogância de se considerar invencível, esquecendo que é Deus quem o faz invencível. Talvez seja tudo isso junto, além do senso de gostar do risco em si. Mas ele está zombando dela. Ele inventa essa história dos tendões frescos. Talvez seja mera zombaria, talvez um teste bem esperto para ver o que ela vai fazer com a informação.

Os príncipes levam os tendões frescos e ela o amarra. Havia homens escondidos em casa e ela grita: "Os filisteus vêm sobre ti, Sansão!". E ele, então, rasga aquilo como se rasga estopa chamuscada. Já viu estopa? O material dissolve na mão. O que dizer, então, se estiver chamuscada!

Mas Dalila não desiste. Será que Sansão ainda não se deu conta de que estava preso precisamente com o que ele

---

12 Imagine uma pessoa, do nada, perguntando se você tem um cofre em casa e, e sim, qual é a senha. Ou um transeunte na rua abordando você para indagar a que horas volta para casa, se tem alguém por lá e se o cachorro é bravo!

falou a Dalila? Você voltaria a dormir ao lado dela? Mas ele não está nem aí... Ele confia tanto em sua capacidade de se livrar das encrencas que segue com a mulher. Talvez esteja brincando com ela. Será que Sansão já percebeu que ela é uma mulher fria? Talvez. Mas, ainda assim, ele é um tolo.

Então, vem a segunda vez e, de novo, Sansão a engana. Dessa feita, o engodo envolve cordas que nunca foram usadas, ou seja, algo que se assemelha a uma mágica. Percebe? Eles acham que o poder dele tem a ver com mágica. É assim que as religiões pagãs costumam funcionar: amuletos, rituais, formas de agir que, de alguma forma, sejam capazes de manipular as forças sobrenaturais.[13] Para os pagãos filisteus, isso faria muito sentido. E, mais uma vez, a história se repete: "Os filisteus vêm sobre ti, Sansão!". Ele as arrebenta como se fossem um fio. Provavelmente os filisteus estavam escondidos, esperando para ver se aquilo tudo funcionaria, para, só então, se apresentarem.[14]

Chega a terceira vez e, então, há uma conversa complicada sobre sete tranças e isso e aquilo. Olha que coisa complicada... Sansão está zombando de Dalila. Sete tranças da minha cabeça, presas por um pino de tear. Imagino Dalila, enquanto ele dormia, indo até lá para fazer toda essa arrumação no cabelo de Sansão. E ela de novo: "Sansão! Estão sobre ti!" E ele acorda, solta o cabelo e pronto.

---

13 Para quem desejar entender mais a esse respeito, vale ler o material de Paul Hiebert, em especial suas discussões sobre o "meio excluído". Procure ainda o material do Rev. Marcelo Carvalho no *Elentika*. Marcelo tem larga experiência no campo missionário e apresenta uma fina reflexão teológica e apologética no trato do pensamento pagão.
14 Chisholm, *Juízes*, p. 349.

Veja Sansão: está brincando com a idolatria e o perigo, levando tudo isso até o limite. Ele não se dá conta do que está acontecendo, de que algo está sendo tramado contra ele? Se percebe, não se importa nem um pouco. Coloque-o em qualquer enrascada e ele vai escapar. Qualquer *Escape Room*, e ele vai sair antes que o tempo se esgote.

Israel é assim. O povo de Deus é assim com muita frequência. Israel acha que pode ficar brincando de idolatria. Julga que, a qualquer momento, Deus vai libertá-lo. Afinal, não tem sido exatamente assim em Juízes? Eles se envolvem em todo tipo de confusão, deitando-se com Baal e Astarote, além de outros falsos deuses... e Deus tem vindo? É tolice, Israel, da mesma forma que é tolice a Igreja flertar com os ídolos do seu tempo! Com as tentações de seguirmos as tendências e as modas do mundo, ao abdicarmos das marcas da igreja para que sejamos mais amados pelo mundo ao nosso redor. É comum, hoje, ver igrejas fazendo esse tipo de coisa, e parece que estão há muito tempo se comportando assim. Acho que vai ficar tudo bem. Será? Perceba como está a vida de Sansão. Ele acha que domina a situação e acha que Dalila o ama. Mas Dalila ama mesmo é a ideia de ficar rica. Nós somos como Sansão: amamos esticar a paciência do Senhor.

A TOLICE DO FALSO AMOR AOS ÍDOLOS ACABA MAL

Agora Dalila está bem preocupada. A coisa não está andando. Ela também está numa enrascada, pois combinou algo com os príncipes filisteus, e eles não são lá gente amável, paciente ou compreensiva. Ela está sendo iludida vez após vez.

Será que ela não se dá conta de que Sansão está brincando com ela? Robert Chisholm explica:

> Existem várias razões pelas quais Dalila acreditou nas explicações falsas que Sansão ofereceu nos três primeiros painéis. A sugestão de que ele poderia ser subjugado por sete tiras de couro ainda frescas (v. 7) soa autêntica, pois sete é um número altamente simbólico, que pode sugerir um poder mágico ou sobrenatural. No segundo painel, ele recomendou o uso de cordas novas (ou seja, fortes) e usou o infinitivo absoluto enfático (cf. "firmemente") antes do verbo "amarrar", sugerindo, assim, um elemento de certeza. No terceiro painel, ele voltou a usar o número "sete", apresentou um contexto substancialmente distinto, envolvendo seu cabelo, e ofereceu instruções mais detalhadas, o que talvez possa ter levado Dalila a crer que eram elaboradas demais para terem sido inventadas.[15]

Quando você está jogando *Escape Room*, é importante ficar atento ao relógio, pois, pelo menos nas salas em que joguei, a equipe tem sessenta minutos e direito a três dicas. Assim, o grupo tem de usar o tempo com sabedoria, com cuidado. Você não quer usar as dicas muito cedo, mas também não adianta deixar muito para o fim, pois vai faltar tempo suficiente para resolver os enigmas. O tempo está acabando para Dalila. E ela resolve apelar.

---

15 Chisholm, *Juízes*, p. 347.

Então, ela lhe disse: Como dizes que me amas, se não está comigo o teu coração? Já três vezes zombaste de mim e ainda não me declaraste em que consiste a tua grande força. Importunando-o ela todos os dias com as suas palavras e molestando-o, apoderou-se da alma dele uma impaciência de matar. Descobriu-lhe todo o coração e lhe disse: Nunca subiu navalha à minha cabeça, porque sou nazireu de Deus, desde o ventre de minha mãe; se vier a ser rapado, ir-se--á de mim a minha força, e me enfraquecerei e serei como qualquer outro homem. Vendo, pois, Dalila que já ele lhe descobrira todo o coração, mandou chamar os príncipes dos filisteus, dizendo: Subi mais esta vez, porque, agora, me descobriu ele todo o coração. Então, os príncipes dos filisteus subiram a ter com ela e trouxeram com eles o dinheiro. Então, Dalila fez dormir Sansão nos joelhos dela e, tendo chamado um homem, mandou rapar-lhe as sete tranças da cabeça; passou ela a subjugá-lo; e retirou-se dele a sua força. E disse ela: Os filisteus vêm sobre ti, Sansão! Tendo ele despertado do seu sono, disse consigo mesmo: Sairei ainda esta vez como dantes e me livrarei; porque ele não sabia ainda que já o Senhor se tinha retirado dele. Então, os filisteus pegaram nele, e lhe vazaram os olhos, e o fizeram descer a Gaza; amarraram-no com duas cadeias de bronze, e virava um moinho no cárcere. E o cabelo da sua cabeça, logo após ser rapado, começou a crescer de novo. (Jz 16.15-22)

Então, Dalila apela para aquele suposto amor. Seria essa uma tática milenar transcultural? "Como você pode dizer que me ama? Você só faz zombar de mim. Três vezes você me enganou. Seu coração não está comigo." Veja, não há amor algum aí; apenas uso — um usa o outro. É autopromoção, é buscar seu próprio bem-estar, e não o bem-estar do outro. Há relacionamentos que são assim. Um puxa o outro para baixo; um incentiva o que há de pior no outro, em vez de incentivar o crescimento. Já vi situações assim muitas vezes, não somente em casais, mas também entre amigos, ou seja, situações em que um incentiva o que há de pior no outro. Há casais que reforçam a tolice um do outro. Sansão e Dalila são assim. Um relacionamento que talvez pareça amor, mas que não é amor bíblico, não; é só interesse mesmo. Timothy Keller bem diz: "Sansão e Dalila são um caso extremo de pessoas que usam uma à outra em vez de servir uma à outra".[16]

E ela o incomodou, importunando todos os dias com suas palavras, molestando-o. Então, apodera-se de sua alma uma impaciência de matar. Essa descrição é sensacional. Outras traduções trazem algo como "uma agonia de matar".[17] Fora assim também com sua noiva, lembra? Ela tanto o incomodou que ele contou. Como diz Dale Ralph Davis: "Dalila provavelmente se voltou a argumentos sobre relacionamento de confiança e intimidade, sobre como todos nós devemos ser vulneráveis e que as mulheres querem homens que se abram para elas".[18]

---
16 Keller, *Juízes para você*, p. 162.
17 Nunca, em nenhum momento, isso aconteceu com outro casal.
18 Davis, *Judges*, p. 186.

Ele, então, revela o segredo, referindo-se ao fato de que, quando do anúncio de seu nascimento, foi colocado sob voto de nazireu. E que isso lhe impunha diversas restrições, embora ele já houvesse quebrado vários desses impedimentos, mas não ainda a exigência da lei de não cortar o cabelo. Sim, isso é verdade. Mas você percebe que até mesmo Sansão tem uma visão meio pagã de sua força? Ele acha que é o cabelo. Keller observa que tanto os filisteus como Sansão têm uma visão mágica do poder de Deus.[19] Eles acreditam que esse poder está atrelado aos cabelos ou algo assim.

Muitos crentes pensam dessa forma! Eles acham que a Bíblia aberta em um Salmo específico, disposta sobre a mesa, assegura proteção ao lar. Muitos acreditam em objetos de bênção ou objetos de maldição. Isso, contudo, não é bíblico. Sansão também lida com a questão de forma mágica, acreditando que seu poder é algo que está automaticamente disponível para uso. Dalila, então, o coloca para dormir em seu colo e chama alguém para rapar a cabeça dele durante o sono. E nisso sua força se esvai. "Os filisteus vêm sobre ti, Sansão!" E dessa vez ele não pode fazer nada.[20]

O detalhe do versículo 20 é importante: "Sairei ainda esta vez como dantes e me livrarei". Ele achava que era garantia que sempre venceria e que o Senhor sempre faria o que ele

---

19 Keller, *Juízes para você*, p. 164.
20 Como Chisholm bem nota, aqui existe um paralelo com outra história de Juízes: "Quando os filisteus capturam Sansão com a ajuda de Dalila, fechou-se também o ciclo da história de Israel iniciado com o relato de Jael e Sísera. Naquela ocasião, Jael, a aliada de Israel, atraiu um general estrangeiro para a morte; agora, Dalila, a aliada dos filisteus, atraiu um dos maiores guerreiros de Israel para a morte. Sansão desempenha o papel de Sísera; e Dalila, o papel de Jael". Veja Chisholm, *Juízes*, p. 351.

achava que o Senhor faria. Sansão acreditava, que não importando em qual enrascada idólatra entrasse, sempre haveria uma saída. Isso é tentar o Senhor, seu Deus. Jesus se recusou a fazer isso quando o diabo sugeriu que ele se atirasse do alto do templo para os anjos o pegarem. Sansão faz isso o tempo todo, ele se joga. Deus que o segure! Mas, dessa vez, Deus não vai segurá-lo, não. Ele é preso e logo vazam seus olhos. Esse era um costume da época, e tinha por finalidade humilhar a vítima e prevenir a fuga de prisioneiros particularmente perigosos. Claro, a ironia é imensa: seus olhos o levaram tantas vezes a pecar, mas agora eles se foram: "O homem chamado filho do Sol vive agora num mundo de escuridão".[21]

No caso de Sansão, é particularmente interessante o fato de que ele é um homem que se tem guiado pela visão. O que ele vê e gosta, isso ele toma para si, não lhe importando o resultado. Quem sabe arrancando o olho, por mais doloroso que seja, isso não mude alguma coisa?

Então, vemos o juiz Sansão em Gaza, amarrado, humilhado e fazendo um trabalho acorrentado — trabalho de animais e escravos. Lá se foi o campeão de Israel. Não que Israel gostasse muito dele, como vimos no capítulo anterior, mas ele era o homem de Deus para realizar a missão.

Por que, ao cortar o cabelo, ele perde a força? A força estava no cabelo? Não, a força estava no Espírito do Senhor. Por que, então, Deus retira seu Espírito? Isso, não sabemos. Keller especula, mas é só especulação, que o coração de

---

21 Chisholm, *Juízes*, p. 352.

Sansão se tornou mais apegado a Dalila do que ao Senhor. Não sei. Não acho que seja esse o caso no presente momento, mas talvez, sim, por ter sido o último aspecto do voto que ainda não fora violado.

E, agora, ao violar o último aspecto do voto, o Senhor o deixa. Sansão é um espelho para Israel, como temos visto. Ele é amado por Deus. Ele veio do nada e sempre espera que YAHWEH venha em seu socorro. Mas Deus, por vezes, permite que Israel sofra e seja capturado. Tem sido assim no livro de Juízes, e será assim por um bom tempo depois, no exílio babilônico. E Deus faz isso por amor, por não querer que seu povo viva como idólatra, mas, sim, que viva amando-o. Por vezes, o resgate divino envolve deixar Israel sangrar.

É assim também com muitas igrejas: elas abandonam o caminho do Senhor, mas estão sempre cheias! Eles têm dinheiro e sucesso, e são amados nas redes sociais. Sansão acredita que vai escapar, mas ele nunca foi naturalmente forte; ele era *sobrenaturalmente* forte. Sem o Espírito de Deus, não somos nada.

Deus sustentou um Sansão que pedia ajuda no final do capítulo anterior, e Deus abandona um Sansão que se "considera o máximo" no final deste.[22] Sem Cristo, nada podemos fazer. Essa é uma mensagem que a Igreja, em geral, esquece. Tudo o que fazemos, individual ou coletivamente, é pela ação de Cristo e de seu Espírito. Algumas vezes, a Igreja acredita que o que a leva a avançar é sua sagacidade, seus planos, seus projetos, seu

---

22 Davis, *Judges*. A discussão se desenrola entre as páginas 184 e 187.

material humano, seu dinheiro, sua piedade e suas reuniões de oração. Deus usa e pode usar essas coisas. Mas é ELE quem usa. É ELE quem as faz, em seus próprios termos, da forma que deseja. Para a glória dele, e não dos homens.

Não foram poucas as denominações e os indivíduos que, ao longo da história, passaram pela humilhação de ter seus olhos vazados, por assim dizer. Deus deixa claro quem é ele, que ele é Deus zeloso. E assim terminamos hoje. Sansão está preso. Os homens estão se divertindo com ele. Sansão encontra-se amarrado em cadeias de bronze, girando um moinho no cárcere, como se fosse uma besta de carga.

E que detalhe interessante nos é dado! Seu cabelo começou a crescer de novo. Um homem quebrado. A idolatria fez isso com ele. O homem de Deus está humilhado, surrado e zombado. Haverá escapatória para essa situação? O cabelo vai crescendo...

HAVERÁ ESPERANÇA?

E assim terminamos a história por hoje. Gosto muito de como Miles Van Pelt compara a situação de Sansão à de outro personagem bíblico curioso.

> De fato, pode ser que nos surpreendamos ao saber que Sansão é considerado tipologicamente como o João Batista do Rei Davi. Há uma série de características que conectam Sansão e João Batista. Ambos nascem de pais mais velhos e estéreis (narrativas significativas de nascimento), ambos são nazireus por toda a vida (os dois

únicos na Bíblia) e ambos são traídos para a morte por mulheres pouco virtuosas. Mais importante, no entanto, é que ambos os homens preparam a chegada de um grande rei. Sansão deu início à batalha final com os filisteus, mas foi Davi, em 1 Samuel 17, quem matou seu campeão e, finalmente, eliminou a ameaça dos filisteus na terra prometida.[23]

Haverá esperança para esse João Sansão? Ele está em uma enrascada: sem forças, sem amigos, sem olhos. Humilhado, sofrendo, surrado. Caminhando para a morte, ao que tudo indica. Seu cabelo começou a crescer... será que o Senhor Deus pode fazer algo? Será que Deus é capaz de agir, apesar de seu povo se meter nas maiores enrascadas? Será que Deus é capaz de pegar seu servo, humilhado, surrado, sofrido, sangrando, zombado... e extrair disso uma grande vitória?

Ora, você é cristão ou não é? Claro que pode! Foi assim quando nosso Rei foi humilhado, surrado, sofrido, zombado pelos inimigos de Deus e estava sangrando.

Como Sansão vai escapar dessa? Aguardemos!

Certa vez, parecia que tudo estava perdido e o homem de Deus estava pendurado numa cruz. Seus olhos não estavam vazados, mas estavam sem vida. Era pior do que o que temos aqui. Pode ser que ele ainda atue. O que você acha? Quem terá a palavra final? Aqueles que odeiam o Senhor? Ou o Senhor mesmo?

---

23 Van Pelt, "O que Sansão estava fazendo com uma prostituta em Gaza?".

JUÍZES 16.23-31
AMOR VINCIT OMNIA
O AMOR VENCE TUDO

"Eu penso que tem de existir um Jesus,
Para dizer 'lindo' sobre aquilo que ninguém jamais veria."
Em *Jack*, livro de Marylinne Robinson

"A memória de escolher não lutar."
Answer, canção de Sarah McLachlan

"Estou aos teus pés.
Rasgarias o profundo de meu coração
Para curar-me?
Tenho visto meu próprio reflexo
Conheço a dor em que estou
Tenho sido um ímpio solitário
E não consigo me livrar disso."
Eustace Scrubbs, canção de Sarah Sparks

"Se eu nunca me lembrasse do estrago que fiz."
Dos margaritas, canção dos Paralamas do Sucesso

"Para todo o amor que perdi, ei, só tentando bancar o chefe
Para todos aqueles amigos que magoei, tratei-os como lixo
E todas aquelas palavras que eu vomitei, nada sagrado,
nada verdadeiro!
Para todos esses fantasmas, eu me volto, agora estou
pronto para queimar!"
Up from below, canção de Ed Sharpe

OS HERÓIS SE VÃO

Eles estão indo. Aos poucos, eles estão indo. É assim mesmo: eles se vão; nós vamos. E, enquanto vamos, estamos crescendo. Mas, ainda assim, seguimos imperfeitos. E essa é a dor.

Nossos heróis morrem. Não necessariamente de *overdose*, felizmente. Mas todos morrem no mundo caído. O pecado que quebrou o mundo é a *causa mortis* de cem por cento das mortes. E nossos heróis se vão assim. Hoje veremos um herói, ou um anti-herói do Antigo Testamento, ir. Sansão, o homem que gostava de charadas. Um homem de quem ninguém gostava, ainda que ele tivesse poderes impressionantes.

Heróis. Vários de vocês amam filmes e histórias de heróis. Podem ser os heróis Marvel e DC.[1] Podem ser os heróis dos filmes de guerra. Podem ser os heróis das

---
1 Desde a infância, meus heróis favoritos são Wolverine, Batman e Hulk.

histórias de amor e de família. Heróis. Gente que olhamos e que nos levam a pensar: "Quero ser assim quando crescer". Eu queria ter sido assim, mas já cresci. Quisera eu ter outra chance!

Isso faz parte do drama e do desejo. Olhamos e queremos ser. E sabemos que não somos.

Existe uma canção de Coldplay/Chainsmokers que lida com isso, intitulada *Something just like this* [Algo meio assim]:

> "Tenho lido livros antigos...
> As lendas e os mitos
> Aquiles e seu ouro
> *Hércules e seus dons*
> O controle do Homem-Aranha
> E os punhos do Batman.
> E claramente *não me vejo nessa lista*
> O Super-Homem veste um traje antes de voar
> Mas não sou o tipo de pessoa que pode vesti-lo."

Essa letra ressoa em mim, pois, quando olho para a lista de heróis, percebo claramente que não me encaixo nela. O traje do Super-Homem não serve para mim.

É bom reconhecermos que não somos muito especiais. Que sofremos e lamentamos e que, muitas vezes, nos vemos totalmente sem saída. E muitas das nossas dores são autoinflingidas. É claro que nossos heróis não são perfeitos, pois eles também vêm com falhas. E, sim, de certa forma, nós amamos os heróis até mesmo nas falhas.

Por que o Homem-Aranha é um dos heróis mais amados? Talvez porque milhões de leitores se tenham identificado com um adolescente um pouco desajeitado, tímido com as meninas e que, ainda assim, vai longe. O Batman, por sua vez, tem seu lado soturno, atormentado. Wolverine é aquele que não tem problema com derramamento de sangue. E ele sequer consegue beber suficientemente rápido para esquecer, pois seu ato de cura resolve a embriaguez quase imediatamente. O Homem de Ferro também tem seus próprios monstros e, em geral, eles vêm engarrafados com um alto teor alcoólico.

Mas a situação toda vai **além dos heróis da imaginação**, tanto literária como cinematográfica; tem a ver com nossos heróis do cotidiano.

Alguém já disse que um dia especialmente importante para uma pessoa é aquele no qual ela se dá conta de que seus pais pecam. Eu diria que é importante para a vida de uma ovelha quando ela descobre que seu pastor peca. Aliás, a história da Igreja no que diz respeito à controvérsia "Somente Cristo" passa justamente pela ideia de que talvez alguns dos heróis tenham sido tão santos que seus méritos podem passar para nós. Os santos pais, os santos mártires... Não. Se não sabemos de seus erros, não temos a história completa, pois todos os nossos heróis são falhos.

Mas e quanto ao autor deste livro, também ele está longe de ser um herói? É claro que, com o passar dos anos, a graça divina vai trabalhando em nós. Mas a nossa diferença para Cristo é maior do que a nossa para Sansão. E e é assim com os melhores de nós, até a nossa partida.

Somente Cristo é o herói — e isso tem de ficar bastante claro para você, ainda que existam outros heróis em sua vida. A vida do povo de Deus é complexa. Nós deveríamos ser um povo que sempre luta contra o mal, inclusive contra o mal interior. Mas nos esquecemos disso. A vida cristã apresenta nuances que não se encaixam em uma visão triunfalista. E Sansão e o livro de Juízes nos lembram de que a vida é mais complicada do que estamos dispostos a admitir. E que os maiores dentre nós, ainda assim, são pequenos.

A vida envolve gente redimida chegar ao seu fim. Alguns em melhor estado; outros, em pior estado. Mas todos os que são dele chegam ao fim sob seus cuidados, cumprindo, na vida e na morte, os planos dele.

"O que é o que é?": está sem esperança alguma e encrencado por causa de seu pecado, mas nunca se vê fora do alcance de Deus? Não, meus caros. O Senhor triunfa sobre o mal e salva seu povo de seus pecados.

A VERGONHA DA DERROTA DO PECADO

Israel é assim sempre. Todos os heróis são assim — Adão, Noé, Abraão, Moisés, Davi, Salomão... Aqueles que não são, não é que não sejam, apenas não sabemos que são. Nossos heróis são todos feitos de pó.[2] Morreram todos de pecado.

---

2 Sou grato ao Guilherme Iamarino, por me apresentar à canção *Dirt*, de The Collection. Procure por aí, ela fala disso.

E agora veja Sansão: ele se encontra preso, com os olhos vazados e virando um moinho no cárcere, como se fosse um boi! O texto nos conta:

> Então, os príncipes dos filisteus se ajuntaram para oferecer grande sacrifício a seu deus Dagom e para se alegrar; e diziam: Nosso deus nos entregou nas mãos a Sansão, nosso inimigo. Vendo-o o povo, louvavam ao seu deus, porque diziam: Nosso deus nos entregou nas mãos o nosso inimigo, e o que destruía a nossa terra, e o que multiplicava os nossos mortos. Alegrando-se-lhes o coração, disseram: Mandai vir Sansão, para que nos divirta. Trouxeram Sansão do cárcere, o qual os divertia. (Jz 16.23-25a)

Os príncipes dos filisteus investiram pesado para capturar Sansão, com muito dinheiro. E agora eles querem agradecer ao seu deus pela vitória. Ao seu deus. Sim, um falso deus. Festa a Dagom. *Dagom seja louvado pela vitória que trouxe contra Israel e o Deus de Israel!* Isso mexe com você? Mas quem entregou Sansão nas mãos dos filisteus foi o Senhor, YAHWEH. Dagom nem mesmo existe. Deus está trazendo sobre Sansão e sobre Israel juízo por seu pecado, lá no templo de Dagom.

Lembre-se de que Sansão está cego. Não sabemos quanto tempo se passou. Não sabemos se já cicatrizou a ferida que fizeram para vazar seus olhos. A Sansão, restam a tristeza pelo que se foi, a dor e a vergonha do que ele é. As lembranças das escolhas que fez na vida e a tristeza pelo que nunca será. E todo mundo está dando glórias a Dagom, dizendo coisas horrendas, como, por exemplo, "Nosso deus nos entregou nas nossas mãos o nosso inimigo... o que destruía a nossa terra e multiplicava os nossos mortos". O mundo se alegra quando os que se dizem do Senhor falham. E nós falhamos mesmo. E os filisteus estão muito felizes.

É como uma festa de um título de campeonato: muita bebida, alegria, celebração... Fogos, sei lá! Camisetas comemorativas? Alguns deviam estar até mesmo fazendo tatuagens ou qualquer outra coisa que os filisteus costumavam fazer quando estavam felizes. Para eles, fora muito tempo sofrendo nas mãos de Sansão, o único de Israel que ainda lembrava que os filisteus eram inimigos do Senhor. E alguém tem a ideia. É claro que alguém haveria de ter esta ideia: "Manda vir Sansão!". E outro diz: "Ele está lá moendo coisa para a gente no cárcere". Então, trouxeram Sansão e se divertiram com ele. O que quer dizer isso? Não sabemos exatamente. O que você acha? Palavrões? Talvez tapas na cabeça dizendo "o que é o que é", e lá vão mais tapas sem nem mesmo ele saber de onde vêm... Talvez dizendo coisas como "Salva-te a ti mesmo! Afinal, tu não és *o cara*?". E Sansão está, de fato, em uma grande enrascada. Como ele vai escapar dessa? É a mais complicada de sua vida. Sansão pede a ajuda do rapaz que o está conduzindo pela mão: "Por favor, me ajude aqui, me ajude a encontrar as colunas". E a casa está cheia. Três mil pessoas! A nata da sociedade filisteia, os príncipes, todo mundo, homens e mulheres. É assim o fim do pecado. É assim. O salário do pecado é a morte. O que a humanidade inteira merece é a vergonha, a dor, a morte e a tristeza associada aos resultados da rebelião. Sim, todos nós. Isso é o que Abraão merece por suas mentiras. Isso é o que Moisés merece por seu assassinato. Isso é o que Davi merece por seu adultério e pelo assassinato. Isso é o que Salomão merece por sua idolatria. Isso é o que Pedro merece por haver negado a Cristo. Humanamente falando, não há esperança. Não somente para Sansão, mas para todo o Israel! Ele é o juiz, e nunca antes um juiz de Israel perdeu. Mas parece que está tudo perdido... Israel vai ficar debaixo dos filisteus. Tudo indica que Yahweh será envergonhado, que o Deus de Israel vai se provar falso ou pequeno.

E quanto a Deus nessa história toda? Deus é justo e pune o mal. Será que Deus vai dizer: "Israel que lute! Afinal, rejeitaram meu caminho. Desprezaram meus juízes e preferiram lamber as botas de filisteu. Agora, que se divirtam com Dagom!".

Por que Deus deixou chegar a esse ponto? Ora, veja que isso é o que Sansão merece. Sim, o que a humanidade inteira merece é a morte, a tristeza e a vergonha que vêm com a culpa. E essa lição é importante. A cruz, os sacrifícios do Antigo Testamento, nada disso faz sentido se não entendermos que o salário do pecado é a morte. Sansão merece estar nessa situação! Israel merece estar nessa encrenca. Tudo isso é justo. E quanto a Deus? E a glória dele? E o nome dele, daquele que, além de Santo e Justo, é misericordioso?

Deus disse que Sansão seria seu servo até a morte. Acaso ele não estaria cumprindo os termos do seu voto?

Não estaria sendo fiel? Certa vez, Paulo disse a Timóteo que, mesmo quando não somos fiéis, Deus o é (2Tm 2.13). E Deus disse que Sansão serviria a ele até a morte e que começaria a libertar Israel dos filisteus. Será que, apesar de Sansão, Deus vai cumprir o que disse?

É certo que os planos do Senhor não são frustrados nem mesmo pela tolice de seu povo; de fato, muitas vezes Deus se vale até mesmo da tolice de seu povo. Deus usa até mesmo as más ações dos perversos. Seu amor é infalível. Veja onde Sansão se encontra. Veja quanta gente reunida. Veja que oportunidade. Será que ainda há algo a fazer?

A VITÓRIA DA GRAÇA PODEROSA DE DEUS
Vejamos como a história se desenvolve do final do versículo 25 em diante.

> Alegrando-se-lhes o coração, disseram: Mandai vir Sansão, para que nos divirta. Trouxeram Sansão do cárcere, o qual os divertia. Quando o fizeram estar em pé entre as colunas, disse Sansão ao moço que o tinha pela mão: Deixa-me, para que apalpe as colunas em que se sustém a casa, para que me encoste a elas. Ora, a casa estava cheia de homens e mulheres, e também ali estavam todos os príncipes dos filisteus; e sobre o teto havia uns três mil homens e mulheres, que olhavam enquanto Sansão os divertia. Sansão clamou ao SENHOR e disse: SENHOR Deus, peço-te que te lembres de mim, e dá-me força só esta vez, ó Deus, para que me vingue dos filisteus, ao menos por um dos meus olhos. Abraçou-se,

pois, Sansão com as duas colunas do meio, em que se sustinha a casa, e fez força sobre elas, com a mão direita em uma e com a esquerda na outra. E disse: Morra eu com os filisteus. E inclinou-se com força, e a casa caiu sobre os príncipes e sobre todo o povo que nela estava; e foram mais os que matou na sua morte do que os que matara na sua vida. Então, seus irmãos desceram, e toda a casa de seu pai, tomaram-no, subiram com ele e o sepultaram entre Zorá e Estaol, no sepulcro de Manoá, seu pai. Julgou ele a Israel vinte anos. (Jz 16.25-31)

A trama segue. Lá está Sansão, humilhado, fraco e vencido. Ele clama ao Senhor. O que mais fazer? Algumas vezes, apenas quando nos vemos assim é que lembramos. Algumas vezes, apenas quando até mesmo nossos olhos se foram é que vemos. E apenas quando o espelho arde em nos mostrar a verdade é que podemos ver a luz. Sansão não pode nem mesmo chorar.

"Senhor Deus, peço-te que te lembres de mim." "Peço-te. Não ordeno, não exijo. Peço-te! Lembra-te de mim. Dá-me força mais uma vez, para que me vingue dos filisteus ao menos um dos meus olhos." Como Deus reage a isso? Será que Deus diz "Israel que lute? É o que Israel merece, não? Sansão que lute!"? Mas ele é YAHWEH. O Senhor, compassivo e longânimo. E sua glória não será roubada por Dagom.

Timothy Keller lembra bem que a disputa se passa entre YAHWEH e Dagom,[3] e não entre Sansão e os filisteus.

---
3 Keller, *Juízes para você*, p. 168.

YAHWEH é verdadeiramente Deus? Ele é gracioso? Há algo curioso no final da seção anterior: cortaram o cabelo de Sansão e o deixaram preso, e então o versículo 22 fala que seu cabelo voltou a crescer. Por que eles permitem que o cabelo cresça? Não sabemos ao certo, mas Tim Keller sugere algo que eu acho que faz sentido: os pagãos não têm somente uma visão errada do poder de Deus, mas também uma visão errada de Deus. Eles pensam que Deus é como Dagom. Sansão não teve como compensar seus erros. Ele traiu seu Deus... isso significa, então, que é o fim para ele, certo?

O fato é que eles não contavam com a graça do Senhor. Aliás, a gente costuma mesmo esquecer-se disso. Às vezes a gente pensa... já era. Aprontei feio DEMAIS. O Senhor não vai me perdoar dessa vez. O sangue de Cristo talvez não seja suficiente para o que aprontei. Às vezes nem mesmo nós contamos com a graça do Senhor. Pensamos como filisteus. Mas Sansão conta, pois conhece o Senhor. Deus vai restaurar sua força. Uma última luta, uma última façanha.

Por que Deus permite que Sansão faça isso? Por que Deus dá essa última oportunidade a ele? Você lhe daria essa chance? Ele que morra! Sansão que lute! Por que Deus age assim? Por sua glória, sua graça, seu amor. Ele é assim com Sansão, com Israel e com você também. Seu cabeça-dura! Pois ele nos ama perfeitamente, com um amor indomável.

Lembro-me de uma linda música de uma cantora que tem muitas músicas belas: Sarah McLachlan. A canção que tenho em mente é *Answer* (Resposta). E a letra é, ou pelo menos me parece ser, um diálogo. Uma parte fragilizada e falha que se lembra do momento em que errou. E a outra parte jurando amor mesmo na fragilidade daquela que está vivendo com o peso de seus erros. Isso sempre me faz pensar no amor de Deus por nós. A parte que promete diz:

> Eu serei a resposta no final da linha...
> Eu estarei lá para você... leve quanto tempo for...
> No calor da incerteza, eu serei seu terreno firme.
> E eu te manterei o equilíbrio quando você nem conseguir olhar para baixo...
> Mesmo que custe minha vida, não vou dobrar, não vou quebrar.
> E vai valer a pena.

E a parte frágil, que errou, sofreu e carrega essas marcas, retruca:

> Carregue-me gentilmente até o amanhecer... a noite não foi bondosa.
> Leve-me para um lugar tão santo que eu consiga lavar de mim
> A memória de ter escolhido não lutar.

Israel escolheu não lutar. Israel havia desistido de resistir ao mal. Nem mesmo com Sansão os inspirando, eles lutaram. Preferiram entregar o juiz libertador ao inimigo, o homem que Deus, milagrosamente, trouxera e revestira de poder para livrá-los. Eles preferiram entregar esse homem nas mãos dos homens maus. E quanto a Deus? "Que se virem, israelitas! Sansão, aprontou? Agora se vire!" É isso que você acha que o SENHOR diria? Não. Isso é o que Dagom diria. Isso é o que nós costumamos dizer aos que falham conosco, até mesmo se forem nossos heróis. Aliás, nós amamos odiar os heróis que nos decepcionaram.

Mas o nome de Deus está empenhado em sua providência, em sua palavra, em sua glória e em sua fidelidade pactual. E, ainda que custe sua vida, ele não vai desistir de amar seu povo.

Você tem um amor assim? Alguém que, mesmo que lhe custe a vida, estará lá para você, alguém que não vai desistir? Alguém que vai persistir no amor mesmo que você tenha errado muito? Claro que sim, cristão!

O Senhor que lute por seu povo! A relação de Sansão com sua força agora mudou. Ele voltará a ter força. Mas, agora, sua força não é mais para se livrar de suas encrencas; sua força é para a glória de Deus. Deus vindica seu nome, sua honra, sua glória. O que Deus faz? Deus lhe dá forças. Deus vai triunfar em Sansão e por intermédio de Sansão. É isto que o Senhor faz: arranca glória das presas da tumba. Deus vence o mal, inclusive o mal do coração de seu Sansão.

Sansão se agarra nas duas colunas que sustentavam o local — mão esquerda em uma e mão direita na outra. A casa vai cair, Dagom. Como Dale Davis bem aponta, Dagom não consegue impedir que seu templo se torne um cemitério.[4] E Sansão vai morrer junto.

---

4 Davis, *Judges*, p. 187.

Algumas lutas custarão sua vida, exatamente como a canção citada menciona. Sim. É assim mesmo. Cuidar de filhos vai custar sua vida, sua vitalidade. Servir à igreja pode custar muito ao seu coração. Sansão errou muito, mas pelo menos ele ainda luta. O número de pessoas dispostas a lutar vai diminuindo, pois a luta contra o pecado envolve morrer. Morrer com Cristo.

Gideão teve mais gente, foi com trezentas. Sempre haverá gente dizendo que teria ido se tivesse sido chamada, como a turma de Efraim fez em certa ocasião (Jz 8.1-21). Agora, porém, só tem Sansão mesmo. Mas pelo menos ele sabe quem é o inimigo. Judá não sabia mais. Para salvar o povo do Senhor, algumas vezes só é possível com uma missão que envolva morte: braços erguidos trazendo salvação ao povo do Senhor e destruição aos inimigos do Senhor. Em favor de um povo que não luta, que não consegue, um povo que se encontra inerte em seus pecados, ele morre e, na sua morte, ele faz mais que antes, atingindo coisas ainda maiores do que havia atingido em vida. Espera aí, de quem estamos falando mesmo? De Sansão ou de Jesus? Eles são parecidos em seus finais, não são?

Morreu o juiz do Senhor. E ele conseguiu algo espetacular. Há, contudo, que se distinguir a morte de Sansão e a de Jesus Cristo. Sansão estava naquela encrenca por causa de seu pecado, de seu erro, de sua tolice e de sua idolatria. Cristo estava na cruz pelos nossos pecados, nossos erros, nossas tolices e nossas idolatrias. O amor e a graça dele. Cristo estava na cruz por causa de supostos heróis como eu e Sansão, Abraão, Davi e tantos outros homens que pecaram inúmeras vezes, mesmo sendo gente do Senhor. Mas observe mais as similaridades! Tanto Sansão como Jesus foram:

+ Traídos por alguém próximo.
+ Levados à morte pela via da zombaria e da dor.
+ Na morte, ambos atingiram algo ainda mais espetacular do que as coisas que fizeram em vida.

Uma maravilha da providência divina. Sansão só esteve em posição de ter tão grande vitória por causa da situação em que seu pecado o colocou. Isso justifica seu pecado? Claro que não, mas mostra como Deus pode agir maravilhosamente mesmo quando acreditamos haver arruinado tudo. E, no caso de Cristo, ele nunca pecou, mas o pecado dos outros o colocou naquela cruz, onde ele poderia fazer um estrago, ou melhor, um conserto incalculável.

No final das contas, Israel não luta; Israel corre da luta. Só existe um homem que luta, e olha, não é lá dos melhores. Mas é um dos nossos. Sansão é do Senhor. Ele é um daqueles que, com sua fé, "da fraqueza, tiraram forças". Ele está lá em Hebreus. Sansão. Ele mesmo. Na listagem oficial inspirada de alguns dos heróis da fé. É uma pena que tenha faltado tempo ao autor de Hebreus para se referir a Sansão com mais detalhes (Hb 11.32). Mas o Espírito Santo sabe o que faz.

O que Sansão diz ao Senhor? Como essa fé se mostra? No clamor por salvação: *Lembra-te de mim*. É o pedido de alguém que sabe que não merece. Como foi pedido a Jesus quando era ele quem estava com os braços erguidos, em vergonha. Um pedido de alguém que sabe que não tem direito. Deus ouve a oração de quem não merece. É claro que ouve. Como? Por intermédio de nosso Redentor.

Quando nos encontramos nas enrascadas do pecado, individual ou coletivamente, a solução não é fugir mais de Deus, mas, sim, clamar! Quando estamos cultuando e estamos tomando a Santa Ceia, muitos estranhamente se colocam sob uma espécie de autodisciplina e dela não participam, por estarem em pecado. Ora, mas é exatamente o oposto! Arrependa-se e se alimente dele! A Ceia não é um prêmio a quem merece; é a comida para Sansão se alimentar de seu Redentor em humildade.

A morte de Sansão é um triunfo de Deus em sua graça, sobre os filisteus e também sobre Sansão. Sim. Sobre Sansão. Dando alívio àquele que luta contra si mesmo. Pois alegre-se em saber que, assim como Deus fez com Sansão, um dia ele vai nos livrar de nós mesmos. Você anseia pelo dia em que não mais lutará contra seu próprio coração, um coração tão rebelde? De certa forma, a morte é misericórdia. Como explica N.D. Wilson:

> Imagine ser o seu eu falho sem o tempo. Pare de esconder suas imperfeições dessa análise, pare de fazer qualquer outra coisa, e dedique um pouco dos seus preciosos segundos

a observar com os dois olhos, sem piscar, os piores dos seus impulsos pecaminosos [...] Pense em seu temperamento, em seu ressentimento, sua lascívia, suas mentiras; seu egoísmo, seu desespero. Considere todos os problemas que você tem por dentro. Pense no peso desse fardo... Agora, remova o tempo. Não há fim para essa corrida. Não há linha de chegada. Não há assalto final para essa luta. Não há cronômetro. Você deve lutar contra esse temperamento para sempre. Para sempre. Você terá setecentos anos, e ainda será um lascivo chorando de culpa. Uma mulher de mil anos que não consegue conter a língua venenosa. Quando jovens atletas treinam duro, um bom técnico está presente. Quando eles forçam a si mesmos, até sentirem tontura, até vomitar, o técnico está cronometrando. Você consegue. Só mais três vezes. Só mais cinco minutos. Mais duas voltas. Você consegue. E nós descobrimos que conseguimos. Nós podemos ir mais longe do que sabíamos. Porque, assim que conseguirmos, estará tudo acabado.[5]

Sansão conseguiu. No final, sua fé o salvou. Ele era cego, e agora ele vê.

O DEUS QUE É NOSSO HERÓI

Israel que lute! É o que Deus diz? Israel nem sabe lutar. Deus luta por Israel, por intermédio de Israel e no lugar de Israel. E é assim conosco também. Nós clamamos pelo Rei

---

5 N. D. Wilson, *Morrer de tanto viver: a vida foi feita para ser gasta* (Brasília: Monergismo, 2017).

protetor para que lute nossas lutas, para que nos inclua no que desejar e nos salve. Mais uma vez, vejamos o que diz N. D. Wilson. Perdoe-me por mais uma citação longa dele. Mas é que ele diz melhor do que eu diria...

> Houve um homem forte o bastante para, desarmado, enfrentar leões, que só precisava de uma queixada para enfrentar exércitos. As mãos desse homem arrancaram os portões da cidade de suas dobradiças e puseram fogo em raposas. Ele triunfou até a derrota, estava destruído e cego — escravizado. Até que um garoto o ajudou a colocar as mãos para cima. Com quem Sansão se parece, naquele lugar, com a cabeça baixa e os braços estendidos, tocando pedras? E, quando eles caíram, houve destruição. Havia um homem que podia andar sobre a água. Ele era capaz de ressuscitar os mortos e curar com um toque. Ele se tornou Sansão — armado com uma aguilhada de boi contra milhares... Todavia, ele chegou a erguer os braços, a manter as mãos para o alto. Carregar os ombros com o mundo. Nenhum garoto veio guiar suas mãos. Nenhum homem o sustentou. Seus braços foram sustentados com pregos. Ele foi traspassado, açoitado e zombado. Foi amaldiçoado e erguido em um madeiro, mas se encontrava na antiga posição de vitória.[6]

Amém.

In perpetuum, frater, ave atque vale [E para sempre, irmão, adeus, adeus].

---

6 Wilson, *Morrer de tanto viver*.

ATÉ BREVE, IRMÃO!

E assim se vai Sansão. Debaixo dos escombros e, em seguida, levado por seus para sua terra. Os melhores de nós são ainda mais para Sansão do que para Cristo. O texto nos aponta para seu final.

> Então, seus irmãos desceram, e toda a casa de seu pai, tomaram-no, subiram com ele e o sepultaram entre Zorá e Estaol, no sepulcro de Manoá, seu pai. Julgou ele a Israel vinte anos.

Seus irmãos desceram, clamaram por seu corpo, levaram o herói tombado e o sepultaram no sepulcro de seu pai. Vinte anos de serviço ao Senhor e, então, descansou.

Sansão se foi e hoje desfruta de alguém que certamente o venceria em disputas de força, de charada e que também sofreu vergonha. Eu me vejo muito em Sansão. Um homem que luta consigo mesmo o tempo todo. Mas, pela graça — e somente pela graça —, ainda lembro quem é o real inimigo, e quem luta por mim. Mas, pela fé em Cristo, iremos até ele. Gente da qual este mundo não é digno. Todos nós que cremos no nome de Jesus. Todo dia é dia de enterro e todo dia é dia de triunfo sobre a morte. E nós chegaremos lá pela graça triunfante dele, por seu amor invencível.

Voltando à canção que mencionamos no início do capítulo, sobre heróis e sobre saber quem somos:

Tenho lido livros antigos...
As lendas e os mitos
Aquiles e seu ouro
Hércules e seus dons
O controle do Homem-Aranha
E os punhos do Batman.

E claramente *não me vejo nessa lista*
O Super-Homem veste um traje antes de voar
Mas não sou o tipo de pessoa que pode vesti-lo.

Isso ressoa em mim, pois, quando olho a lista de heróis que este mundo exalta, claramente não me encaixo nela. As roupas dos heróis não me caem bem. Quando vejo Hebreus 11, entretanto, um grupo de gente quebrada que creu, aí, sim, eu me encontro. O traje do Super-Homem não serve para mim. E ainda bem que eu, assim como **Sansão, me visto não de** Super-Homem, mas de Cristo.

Isso é para a glória do Senhor. Para que fique claro que é ele que, em seu amor por nós, não permite que nos percamos. Nem mesmo nosso pecado vai impedir Jesus de nos ter e de ver a glória dele. É Cristo somente. Para sempre ele. Louvado, louvado para sempre seja o nome do SENHOR.

P.S. AH SIM. FALTOU UMA COISINHA.

No último dia, quando Cristo vier com poder e glória, quando, junto a seus anjos, ele vier para reinar com poder, com espada na boca e tudo o mais, inaugurando Novos

Céus e Nova Terra, além de todas as maravilhas envolvidas, muito vai acontecer. Eu não sei onde você estará. Mas vai que acontece de você estar vivo e nessa região do mundo em que a história de Sansão se passou. Deixe-me dar uma dica a você: há um lugar entre Zorá e Estaol, no mesmo túmulo de Manoá. Se você estiver por lá, vai ver que sairá do túmulo um homem revestido de incorruptibilidade. Ele não vai mais andar por vista, como fez durante toda a sua vida. Ele terá olhos de novo. Ele gosta de charadas e de mel. Pode ter certeza de que ele será muito diferente no trato com as irmãs do que foi com as mulheres enquanto vivo, pois ele estará livre de tudo o que o fez pecar e errar em sua vida.

Você vai conhecê-lo. Procure por ele. Ele não era uma pessoa amável. Ninguém gostava dele. Nem mesmo Dalila, que se limitava a fingir. Só gostava dele aquele que tem amor infinito. Mas isso basta, não?

Eu acho, entretanto que você vai gostar dele. Ele estará diferente, mas ainda será o Sansão. Porém, estará bem parecido com outra pessoa a quem seu coração vem aprendendo a amar, dia após dia. Ele estará restaurado à imagem do que ele foi feito para ser. Imagino também que o cabelo dele estará crescido.

É bom reconhecermos que não somos lá muito especiais. Saber que sofremos e lamentamos e, muitas vezes, nos vemos totalmente sem saída.

Essa é a esperança de Sansão, que foi salvo pela fé. Essa é a nossa esperança. Cristo em nós. Mesmo não nos saindo lá muito bem.

Cristo em nós. Somente ele. Para sempre ele.

Amor vincit omnia!
Aleluia!

FIEL
MINISTÉRIO

O Ministério Fiel visa apoiar a igreja de Deus, fornecendo conteúdo fiel às Escrituras através de conferências, cursos teológicos, literatura, ministério Adote um Pastor e conteúdo online gratuito.

Disponibilizamos em nosso site centenas de recursos, como vídeos de pregações e conferências, artigos, e-books, audiolivros, blog e muito mais. Lá também é possível assinar nosso informativo e se tornar parte da comunidade Fiel, recebendo acesso a esses e outros materiais, além de promoções exclusivas.

Visite nosso site

www.ministeriofiel.com.br

LEIA TAMBÉM

Emilio Garofalo Neto
ESTER NA CASA DA PÉRSIA
E A VIDA CRISTÃ NO EXÍLIO SECULAR

Impressão e Acabamento | Gráfica Viena
Todo papel desta obra possui certificação FSC® do fabricante.
Produzido conforme melhores práticas de gestão ambiental (ISO 14001)
www.graficaviena.com.br